人类文明的足迹

玄妙的地理故事

领略大自然的鬼斧神工 · · · · · · · ·

编著◎吴波

Geography

中国出版集团
现代出版社

图书在版编目（CIP）数据

玄妙的地理故事／吴波编著．—北京：现代出版
社，2012.12（2024.12重印）
（人类文明的足迹·地理百科）
ISBN 978－7－5143－0945－4

Ⅰ.①玄… Ⅱ.①吴… Ⅲ.①地理学－普及读物
Ⅳ.①K90－49

中国版本图书馆 CIP 数据核字（2012）第275163号

玄妙的地理故事

编　　著	吴　波	
责任编辑	刘　刚	
出版发行	现代出版社	
地　　址	北京市朝阳区安外安华里504号	
邮政编码	100011	
电　　话	010－64267325　010－64245264（兼传真）	
网　　址	www.xdcbs.com	
电子信箱	xiandai@cnpitc.com.cn	
印　　刷	唐山富达印务有限公司	
开　　本	710mm×1000mm　1/16	
印　　张	12	
版　　次	2013年1月第1版　2024年12月第4次印刷	
书　　号	ISBN 978－7－5143－0945－4	
定　　价	57.00元	

前　言

　　在我国古籍中，最早出现"地理"一词的是公元前 4 世纪的《易经·系辞》，里面有"仰以观于天文，俯以察于地理"的文句。而在西方，公元前 2 世纪，古希腊学者埃拉托色尼第一次合成了"地理"这个术语，意思是"大地的记述"，并用它作为《地理学》的书名。这是该词汇的第一次出现和使用，后来这个词被广泛应用，成为西方各国通用的学术词汇。

　　地理学是一门研究地球表面的地理环境中各种自然现象和人文现象，以及它们之间相互关系的学科。它的发展与不断的地理发现是分不开的，正是无数的地理发现为地理学提供了研究材料和理论依据，从这个角度来说，地理学是建立在地理发现的基础上的。

　　什么是地理发现呢？人类任何一回首次到达地球表面某个前所未知的部分，或者确定了地表各已知部分之间的空间联系，因而加深了人类对地球地理特征的科学认识，促进了地理学的发展，均可以称为地理发现。可以说，人类地理发现的历史是悠久的，早在公元前就已经开始了。

　　人类的地理发现是循序渐进、逐步深入的，无论是地理视野方面还是地理认识方面都是遵循这一顺序的。地理视野随着人类活动范围的不断扩大而得以拓展，而地理认识则随着地理视野的拓展和人类的认知水平的提高而逐步深入，同时，地理视野的不断拓展和地理认识的不断深化又促进了人类的认知水平，两者相辅相成。经过几千年辛苦、艰难的探索、发现，时至今日，人类的地理发现已经取得了丰硕的成果，地理学也逐步丰富完善，成为一门有着自己完整体系的学科。

　　人类的地理发现是不胜枚举的，本文所列举的是在人类地理发现史上占有重要地位且对人类的发展有着重大影响的发现。探索是无止境的，认识也是没有尽头的，人类地理知识的积累必然会随着不断的发现、不断的探索而得到加深。

目 录

地理视野的拓展

地理认识的深入

地理视野的拓展

人类对自己家园的认识是有渐进性的，并不是一蹴而就一下子完成的。这种认识首先开始于对周围环境的认知上，虽然这种认知有些时候带有盲目性、偶然性，特别在人类社会早期阶段，这种盲目性、偶然性表现得尤为突出。随着社会的发展，人类智能的提高，有意识、有目的探索越来越多，发现的地方层出不穷，人类的视野得以以极快的速度拓展，同时，地理视野的拓展又反过来刺激了人们去更远的未知的地方探索，这就导致了更多的地理发现。

腓尼基人的航海发现

腓尼基是地中海东岸的一个国家，位于地中海与黎巴嫩山脉镶嵌的狭窄地带。

腓尼基人居住的腹地是长满森林的山地。倚山临海的形势，使他们在陆上活动的余地受到很大的限制，只留下海上唯一的对外联系通道。腓尼基人适应了这种独特的地理环境条件，成为最具有航海旅行天赋的中东民族。

　　腓尼基人利用黎巴嫩地区生长茂密的雪松来建造船只。他们的船只是一种原始的平底小舟，长度不超过 20 米。船上有短凳，供 30 名桨手就座划行。船中央有一空舱，用来堆放货物或供人乘坐。船有一面风帆，但只有当风从背后吹来时，才可减轻桨手的划行难度。腓尼基人就是划行这种简陋的小舟，小心翼翼地沿着海岸航行，从一个岛屿驶向另一个岛屿。腓尼基人逐渐地认识了地中海，并在地中海沿岸各地建立了海外商行，从塞浦路斯岛和罗得岛，一直分布到赫尔克列斯之柱。他们甚至早在公元前 1100 年，已越过赫尔克列斯之柱，在地中海以外建立了海外商行，如处在浩瀚的大西洋中的加德斯岛。从加德斯岛他们向北航行很远，直到锡利群岛，也许已到达大不列颠群岛了。腓尼基人通过航海证实大海是没有穷尽的，于是一个新观念便由此产生，并到处传播开来："已知世界是一个岛屿，它的四面八方都被海水所围绕。"这种早期的关于已知世界的地理知识一直流传下来，对古代地理学思想产生了重大的影响。

　　腓尼基人在航海中获得的地理知识，锡利群岛成为埃及人和美索不达米亚人陆地上的地理知识的极好补充。然而，应当指出的是，腓尼基人毕竟是一个商业民族，是西方最早的商业探险者。他们的航海并非受到好奇心和求知欲的驱使。作为商人，他们并不热心观察自然现象和报道航行中的见闻。相反，他们还小心谨慎地保守着航道的秘密。因此，腓尼基人对地理知识进步的贡献，有着一定的局限性。腓尼基人的航行几乎纯属商业谋利目的，主要是为了寻找那些对古代人来说是贵重的物品，例如贵金属银，生产青铜器所必需的锡，用来制造红颜料的贝壳、香料和琥珀等。正是为了寻找锡矿，他们冒险航行出地中海直到卡西特利德群岛；为了寻找琥珀，他们航行直到波罗的海沿岸。至于香料则是在阿罗马特（今索马里）找到的，由此可见，腓尼基人的航海范围是相当广的。尽管他们对自己的航行严守秘密，但是关于地中海和大西洋航行的许多地理知识和发现仍然迅速传播开来。

　　腓尼基人历时 3 年多，绕非洲大陆航行一周，是古代航海史上最伟大的创举。根据古希腊学者希罗多德的叙述，大约在公元前 600 年，腓尼基人受埃及法老尼科的派遣，从红海出发，向南沿非洲海岸航行，遇到冬季便就地停歇。这样历经 3 年，终于从大西洋穿经赫尔克列斯之柱，进入地中海，并沿地中海非洲海岸返回埃及，完成绕行非洲一周的远航，航程达 20 000 千米。航行者回来后讲述了沿"利比亚"（非洲的古称）航行的情况。他们说"太阳在他们的右边"，这一点似乎可以证实他们确实航行到了南半球，但这在古代难以为人们所接受。希罗多德本人对此也表示过难以置信。腓尼基人绕行非洲一周是否真有其事，至今仍众说纷纭，还有待于史学家的考证。

不过，可以肯定的是，腓尼基人发现了欧洲南部和比利牛斯半岛的海岸，并驶进比利牛斯半岛上最大的河流——塔霍河河口上的宽阔海湾。显然，他们熟识了从比斯开湾到布列塔尼半岛的海岸线。

知识点

赫尔克列斯之柱

赫尔克列斯之柱也称作赫尔克列斯石柱，就是现在的直布罗陀海峡，是沟通地中海与大西洋的海峡，位于西班牙最南部和非洲西北部之间。海峡西宽东窄，最窄处的西班牙的马罗基罗和摩洛哥的西雷斯角之间仅 13 千米。海峡有两块巨大的山岩，所以得名赫尔克列斯之柱。古希腊人认为这里是世界的最西端。

延伸阅读

腓尼基

腓尼基是古代地中海沿岸的一个民族，和犹太人是近亲，同属于西闪米特民族。他们组成的国家由地中海东部沿岸的城邦组成，位于今叙利亚和黎巴嫩境内。在希腊语中，腓尼基是"紫红色"的意思。据说，当时埃及、巴比伦、赫梯以及希腊的贵族和僧侣，都喜欢穿紫红色的袍子，可是令他们懊恼的是，这种颜色很容易褪去。他们发现，居住在地中海东岸的一些人因为会生产一种绛紫色的颜料，所以总是穿着鲜亮的紫红色衣服，似乎他们的衣服总也不会褪色，即使穿破了，颜色也跟新的时候一样。这实在太引人注目了，所以他们就把地中海东岸的这些居民叫做"紫红色的人"，即腓尼基人。

亚历山大的远征发现

少年时代的马其顿王子亚历山大就怀有远大的抱负，他立志要超过自己的父亲——统一希腊各城邦的腓力二世国王，从而建立睥睨古今的旷世功业。

亚历山大聪明好学，求知欲和好奇心十分强烈。腓力二世聘请古希腊百科全书式大学者亚里士多德给自己的儿子当老师，在这位良师的直接教诲下，亚历山大各方面均得到了很好的培养和发展。公元前336年，年仅20岁的亚历山大登上马其顿王位。登上王位后，他马上紧锣密鼓地筹划征伐波斯帝国。不过与历史上其他伟大的统帅不同，亚历山大不但要征服世界，而且要把世界的"未知部分"认识清楚，给先进的希腊文化再添辉煌。

亚里士多德像

作为一位伟大的军事统帅，亚历山大智慧超群，思维开阔，重才纳贤，富有强烈的求知和进取精神。随从亚历山大远征的学者中，不乏杰出的人物，远征的科学成就是同他们分不开的。在卡利斯提尼、亚里斯托布鲁和奥内西克里特三位历史学家的著作中，地理学占有不可忽略的地位；而尼阿库斯，亚历山大的年轻副官、航海家，对阿曼海和波斯湾沿海的地理考察具有重要的科学价值。此外，亚历山大的军队中还配备有一支路程测量队，他们的使命是测量行军里程，并把沿途的地理特点记入《行军测量日记》。这项工作不但为地理学积累了宝贵的资料，而且是对地理学与数理地理学相结合的一种很好的尝试。

亚历山大对未知世界的好奇心和占有欲驱使他热衷于地理考察。在远征的过程中，他非常注重对将要采取军事行动的地区进行调查研究，决不轻易冒险。此外，他还派遣人员进行了多次与远征军事行动并无直接联系的、名副其实的地理考察。例如，他派遣尼阿库斯和奥内西克里特率领舰队从印度河河口出发，沿阿曼海和波斯湾海岸考察，直到幼发拉底河河口。此外，亚历山大还有许多宏伟的考察计划。尼罗河洪水原因一直使古代人困惑不解，亚历山大曾派人去调查这个问题，但未获结果。在他去世前不久，他还派希拉克利德去考察里海海岸，以便弄清它是否同好客海（黑海）相通，或者它仅是一个海湾。

亚历山大总是向着远方未知世界进发，去发现新土地，去探索新海域，去解决地理学之谜。对未知世界的向往，时刻在亚历山大的头脑中萦绕，直到他短暂一生的晚年。

从地理学角度看，亚历山大远征最直接和最巨大的成就是扩宽了人们的视野，给有人居住世界以新的定义，并使希腊人对宇宙空间有了新的概念。远征带来的东方见闻，已不再是古代远航记中的一条海岸线，也不是希罗多德笔下的一条河谷，而是一片广袤的陆地，有复杂的地形、多样的景观和丰富多彩的民族风情。

亚历山大远征所开拓的新世界，在陆地上是指位于底格里斯河和波斯湾以东，直到印度河流域的广大地区；在海洋中，主要指阿曼海、红海和波斯湾。亚历山大还收集了印度恒河地区的某些资料，并曾听说过塔普鲁班（今斯里兰卡）的存在，但未涉足过这些地区。

亚历山大远征经过的地区很多，因而描述内容达到空前未有的丰富，特别是关于亚洲各地区的描述，其中印度地区的描述最为新颖和引人注目。印度向来是希腊人感到神奇和陌生的未知世界，希罗多德和克泰西亚斯等学者都曾在著作中提及过。但是，亚历山大的学者的描述比前辈学者更胜一筹。他们反对将印度描述过于神化。他们指出，印度的广阔的土地、富饶的物产、丰沛的河流、珍奇的动植物以及众多种族的奇风异俗，本来就足以令人赞叹和惊讶不已，根本无须再去夸张神化。印度的政治和社会状况是亚历山大的学者们最感兴趣的论题之一。印度河也是学者们注意的中心，他们不仅记述了它的洪水及其成因，而且对印度河及其支流做了详细的描述，还进一步阐述了三角洲的形成过程。这几乎可以说是早期的印度河水文地理学了。

亚历山大的远征大大开阔了古代希腊人对东方世界的视野，因而原来的世界地图便显得陈旧和不适应了，有必要更新。远征过程中所积累的丰富的地理资料，又为世界地图的更新准备了条件，提供了可能性。

亚历山大远征时期最后一版世界地图是地理学家攸多克索绘制的。亚历山大身边的学者虽然没有亲自改绘世界地图，但是如果没有远征的考察发现和地理描述，没有路程测量队提供的测量数据，后来的埃拉托色尼就不可能更新世界地图。亚历山大远征之后，最早产生改绘地图意向的人是亚里士多德学派的迪西亚库。他改绘的地图大约出现在公元前4世纪末期，属于攸多克索和埃拉托色尼之间的作品。迪西亚库的著作与攸多克索的著作同名，也叫《地球的描述》，这就表明了他更新前人观念的意图。他的著作附有一张世界地图，但该图的详细情况后人知道得很少，只知道他画了一条直线，从赫尔克列斯之柱到伊马俄罗山（今喜马拉雅山）。这条线有精确的制图作用，它同当时已广泛应用的一条子午线，即通过亚历山大里亚和罗得岛的子午线相配合，构成了一种地图坐标，这就初步勾画出类似经纬网格的地图方格，它是投影地图学取代经验地图学的最早尝试。此后，埃拉托色尼发展了迪西亚库的地图网格法，成为投影地图学的奠基人。

亚历山大远征的地理学贡献还体现在动物地理学和植物地理学方面。亚历山大本人对动、植物很感兴趣，在他的随从人员中，不乏熟悉动、植物方面的人才，他们是由亚历山大的老师亚里士多德介绍而随军考察并采集标本的。亚历山大的学者对于动、植物学研究的特点，在于开始摆脱了早期动、植物单纯描述的传统方法，开始注意系统性地研究动、植物的地理分布规律以及它们与地理环境的相互关系。这些学者的记述勾画出了古代西亚和西南亚地区动物地理和植物地理的概貌，并留下了一些精彩的描述片段，成为后世的典范。例如尼阿库斯对热带海岸红树林植物及其生长条件进行了细致的观察和描述。他指出红树林是一种生长在海岸沼泽淤泥质土壤上的植物群落，受涨、落潮的作用，树冠茂盛，根呈高跷状扎入淤泥并露出水面。他还将波斯湾的红树分为三大类。从这个例子可以看出，亚历山大的学者在描述植物时，总是将它们放在所处的地理环境中来进行的，十分重视植物与地理环境的相互关系。这种科学的方法无疑地对生物地理学和生态学的诞生和发展产生重要的影响。亚历山大的学者还进行了大量关于海洋动、植物的描述，这是过去极少涉及的、几乎是空白的领域。

如果说毕提亚斯的大西洋远航在欧洲从纬度上扩展了有人居住世界的范围，那么亚历山大的远征则与此遥相呼应，又从经度上向东方亚洲扩展了它的幅员。于是，一个新的世界展现在地理学的面前。从此，将世界作为一个大陆的看法完全取代了将世界局限于地中海区域的传统观念，为古代西方地理学史揭开了新的一页。

知识点

子午线

子午线也称经线，和纬线一样是人类为度量方便而假设出来的辅助线，定义为地球表面连接南北两极的大圆线上的半圆弧。地球上任何一个地方的位置都可以用一条经线和纬线的交叉点来表示。任两根经线的长度相等，相交于南北两极点，指示的是南北方向。每一根经线都有其相对应的数值，称为经度。开始计算经度的一条经线叫做本初子午线。

延伸阅读

亚历山大远征

亚历山大是古代马其顿国王，亚历山大帝国皇帝，也是世界上著名的军事家和政治家。

公元前336年，时年20岁的亚历山大继承了王位，成为年轻的马其顿国王。继承王位后不久，他便开始了其东征西讨的伟大历程。据说，亚历山大在远征波斯临出征前，把自己所有的地产收入、奴隶和畜群全部分赠给他人。当时有位将领迷惑不解地问道："陛下，您把您所有的财产分光，把什么留给自己呢？""希望！"亚历山大干脆利落地答道，"我把希望留给自己！它将给我带来无穷的财富！"随后，亚历山大怀着征服世界的渴望，离开故土，踏上了千里迢迢的征途。亚历山大在担任马其顿国王的短短13年中，东征西讨，先是确立了在全希腊的统治地位，后又灭亡了波斯帝国，在横跨欧、亚的辽阔土地上，建立起了一个庞大的帝国。亚历山大的远征客观上促进了东西方文化的交流和经济的发展，对人类社会的进展产生了重大的影响。

毕提亚斯的大西洋远航

古希腊时期的毕提亚斯原是一位居住在希腊殖民地马赛利亚（今马赛）的著名天文学家。当时，马赛利亚人正在同迦太基的腓尼基人为争夺锡和琥珀的贸易控制权而展开激烈的竞争。毕提亚斯在科学好奇心和利益的共同驱使下，约于公元前330年开始了直布罗陀海峡以外的大西洋航行，从而发现了大西洋许多未知的海域和陆地，并进行了卓有成效的考察和描述。

毕提亚斯远航的路线大致是这样的：他从马赛利亚起航，驶出赫尔克列斯之柱，进入大西洋，然后沿着海岸悄悄地越过腓尼基的海军基地加德斯，循伊比利亚海岸航行，绕过菲尼斯特雷角之后，沿比斯开湾海岸北上，驶向不列颠群岛。他沿着不列颠群岛西岸一边航行，一边考察，逐段向北驶进。

接着，他进入了爱尔兰海，发现了西边的爱尔兰岛。继续北行先到达赫莫德斯群岛（今赫布里底群岛），尔后到达奥尔卡德斯。至此，毕提亚斯的航行路线是十分清楚的，没有任何争议。

自此再向北，毕提亚斯的航行路线就变得众说纷纭，一直是一个不解之谜。他叙述自己航行到了一个名叫图勒的岛屿，提到了那里存在的两种奇异的自然现象。其一，那里的土地、空气和海洋混沌不清，形成了一个"凝固海"，人们既不能航行，也不能行走。这种现象实际上是暖流与寒流交汇，浓雾弥漫而造成大海"凝固"的错觉。其二，那里出现"白昼"现象，长达20 小时左右，持续一个月，白昼最长的时候为一天，太阳永远在地平线上。后人根据毕提亚斯的记述，对图勒岛的位置作了各种推测。有人认为该岛位于北斯堪的纳维亚地区，有人猜测它是冰岛。但是这些假说很难令人置信，因为毕提亚斯在当时的航海条件下，能航行如此之远很值得怀疑。同时，根据他的记载，图勒岛上是有人居住的，并且发现了蜜蜂，而当时冰岛则是荒无人烟的，况且在此高纬度下，蜜蜂也不可能生存。于是，有人转而推测图勒岛是指费洛尔群岛中的一个大岛，即位于北纬62°的斯特罗莫岛。

毕提亚斯从图勒岛返回，大概是先沿原路向南，再顺着不列颠群岛的东海岸航行。这样就实际上完成了环航不列颠一周的壮举，这使他正确地做出不列颠群岛是呈三角形的论断。尔后，他又向东行，沿着荷兰和德国北部海岸，直到易北河河口一带，并曾在弗里斯群岛中的一个岛屿阿巴卢斯岛泊岸。这些地区盛产琥珀，琥珀很早以来就是希腊人追求的珍品。关于毕提亚斯是否进入过波罗的海的问题，有不同的说法，但至少他已涉足过扼守波罗的海出口处的日德兰半岛了。

毕提亚斯的大西洋远航是史无前例的。他把地球上有人居住世界的范围向北扩展了近10°，直到北纬63°附近。在此以前，有人居住世界的北界一直被划在北纬54°的斯基泰地区，人们认为再向北，寒冷会使一切生命都不可能生存下来。

毕提亚斯曾撰写了一部描述大西洋远航的书《海洋》，但令人惋惜地失传了，这是古代希腊地理学无法弥补的巨大损失。不过通过后来一些学者的引文和评述，使后世得以了解这部著作。该书体例虽然仍受希罗多德式的旅行传记的影响，但已经具备了地理著作的鲜明特色。主要内容有地区描述、景观外貌和居民风俗习惯，此外还有天文与海洋方面的观察。关于不列颠、爱尔兰和图勒等地区的描述，都是以前闻所未闻的。他把这些过去未知地区的主要特征描写得非常细致。此外，他还提供了大量有关自然地理学和天文学的材料，都是绘制地图不可缺少的宝贵资料。地理描述与数据资料并存，促进了描述地理学与数理地理学的结合，使毕提亚斯的这部著作成为当时最有价值和最受欢迎的科学著作之一。

毕提亚斯是第一个以月球运行规律来解释潮汐现象的人，这是地理学的一个有深远意义的发现。他记载了大西洋海岸的潮汐幅度，并把它同地中海海岸的潮汐幅度进行了对比，发现在大西洋海岸的加的斯，老人星刚刚露出地平线，而爱奥尼亚学者攸多克索在克利德观察的老人星则明显地升起在地平线之上。上述两地的纬度差不多，这证明了大西洋岸的潮汐幅度比地中海的潮汐幅度要大得多。

毕提亚斯的跨越纬度的远航，使他接触到不同的气候带，因而产生了"气候等级"的概念，即现今地理学术语的"气候纬度地带性"。他用这种方法，根据马赛夏至日的白昼长度 15.25 小时，确定该城纬度为北纬 $43°$，这个数值与该地实际纬度 $43°17'52''$ 令人惊异地接近。由此可见，毕提亚斯使天文学与地理学紧密结合起来，对地理学，特别是地图学的发展起了巨大的促进作用。

知识点

地图学

地图学是研究地图的理论、编制技术与应用方法的科学。国家的疆域可以用地图、文字等多种形式来表达，其中，地图是表示国家版图最常用、最主要的形式。在地图上可以形象直观地表示出国家的疆域范围和边界、各级行政区域、行政中心、主要城市等。因此，地图学是地理学中非常重要的一个分支，与自然科学、社会科学、系统科学、信息科学、思维科学、人体科学、行为科学、艺术科学等有着交叉及关联关系。

延伸阅读

迦太基

迦太基一词源于腓尼基语，意为"新的城市"，是奴隶制国家迦太基的首都，坐落于非洲北海岸（今突尼斯），与罗马隔海相望。最后因为在布匿战争中被罗马打败而灭亡。据资料显示，迦太基的建城时间要比罗马早，但确切时间无从考据。较为广泛的说法是在奥林匹克运动会前38年（即公元前814年），腓尼基的一个叫推罗的城邦的移民横渡地中海来到北非，向当地人买下一块土地，在当地土著人的同意下，建立了迦太基，以此作为大量贩卖奴隶及海上贸易的中转站。今天看到的迦太基残存的遗迹多数是罗马人在罗马人占领时期迦太基重新建设的。1978年，联合国教科文组织将迦太基遗址列入第一批"世界文化与自然遗产"的名单中，突尼斯政府在这个遗址上建立了国家考古公园。

毕菲发现不列颠群岛

毕菲出生于马萨利亚，公元前4世纪的后25年期间，他绕过了赫尔克列斯石柱，向西北欧的海岸作了首次远航，在这次航行过程中他无疑到过不列颠群岛。如果说腓尼基人在自己的航行过程中未在毕菲之前到过卡西捷里德（锡岛），或者迦太基人的船队在希米尔孔的指挥下未曾到过此地的话，那么完全有理由说，不列颠群岛是毕菲发现的。毕菲的航行大约是在公元前325—前320年间进行的。

现在还无法弄清毕菲的海上探险的组织和目的，比较确切的说法是，他的航行是为马萨利亚的商人店铺购进锡、琥珀和特别昂贵的狩猎用具。幸运的是，领导这个探险队的是一个有远见卓识的人，他受过教育，精通算术、天文、地理和绘图。

3月，毕菲从马萨利亚启航，穿过石柱后沿比利牛斯半岛的西岸向前航行，抵达布列塔尼半岛的西岸海角（卡巴荣角）。毕菲继续向北航行，在拉芒什海峡（英吉利海峡）西部辽阔的水域穿过了该海峡，到达一个大岛的西南海角，他第一次把这个岛命名为不列颠。为了沿着不列颠的西海岸继续前进，毕菲第一次从南到北地穿过爱尔兰海，并穿过北部海峡，驶出了爱尔兰海。在这次横渡航行中他一定会看到爱尔兰的东北海岸。毕菲想把全岛画入地图，但是画得面目皆非，把爱尔兰岛画到不列颠岛的北面了。进而他又探察了赫茂茨和赫布茨群岛（即内赫布里底和外赫布里底群岛）中的几个岛屿，同时在不列颠岛的东北角探察了奥尔卡特群岛（即奥克尼群岛）的数十个岛屿。

在奥尔卡特群岛以外的地方，毕菲抵达一个海岛，这座海岛位于"从不列颠岛向北航行6天的距离"。毕菲没有给这个海岛以特别的命名，后来这个海岛——不论是真实存在的还是臆造的——被载入地理发现的史册中，并命名为"遥远图勒"，这个名称意味着那里是人们居住的最北部的界限。毕菲本人被人们称为第一个极地航海家。

毕菲转头向南航行，经过不列颠岛的沿岸，到达康迪荣（肯特，在不列颠岛的东南海角）。他正确地把这个岛画成三角形，并尽可能计算出它的各方面的比例是3：6：8，但是毕菲几乎把这个岛的长度夸大了两倍。毕菲第一次向人们提供了不列颠岛的自然地形、农业生产和居民生活习惯的准确消息。从康迪荣出发，毕菲在最窄的水域再次穿过海峡，沿大陆的海岸向东北航行。然而，他在那里很少有收获（也可能是他所获的情况未流传至今）。人们只知道，他在大海中看到了一系列无人居住的海岛（弗里西亚群岛），并到达克勒特人居住区的尽头和西徐亚人领地的边缘。人们相传有两个西徐亚人的部落名称，一个已变得无法辨认了（古东人），另一个叫条顿人。后一名称证实毕菲已经到达日耳曼人所居住的海岸。条顿人在一座名叫阿巴尔的海岛上收获琥珀，该岛离海岸有一天航程。许多现代历史学家根据这些少得可怜的资科作出了一个缺乏依据的结论：毕菲发现了尼德兰、日耳曼的西北沿岸地区，以及与海岸相连的岛屿，直到赫耳果兰岛和易北河河口。

知识点

海 峡

　　海峡是指两块陆地之间连接两个海或洋的较狭窄的水道。其中有的沟通两海，有的沟通两洋，有的沟通海和洋。海峡是由海水通过地峡的裂缝经长期侵蚀，或海水淹没下沉的陆地低凹处而形成的，所以一般水较深，水流较急且多涡流。海峡内的海水温度、盐度、水色、透明度等水文要素的垂直和水平方向的变化较大。底质多为坚硬的岩石或沙砾，细小的沉积物较少。海峡的地理位置特别重要，不但是交通要道、航运枢纽，而且往往是军事要地，因此，人们常称之为"海上走廊"、"黄金水道"。据统计，全世界共有海峡 1 000 多个，其中适宜于航行的海峡只有 130 多个，而交通较繁忙或较重要的只有 40 多个。

延伸阅读

对毕菲的质疑

　　在不列颠被罗马人全部认识以前，许多极有影响的古代学者对毕菲的报道信以为真，但是在首次征服性的远征（始于公元前 1 世纪朱里·恺撒的远征）之后，人们揭穿了毕菲所散布的大量夸大之词，同时也否定了毕菲的报道中真正的事实。"毕菲把很多人引入歧途。"斯特雷波说，"这样，他会肯定地说，他徒步走过了旅行者能够到达的全部不列颠，这个海岛海岸线为 4 万斯塔迪（希腊长度名称，约等于 150～190 米，4 万斯塔迪可折合 6 000 千米以上）。此后，他叙述了遥远图勒和那些没有多少土地、海洋或空气的地区，而代替全部这些的似乎像一个海上轻飘的东西。那里的土地、海洋似乎均悬挂在空中，并联系着世界各地，但在其上人们不可能徒步行走，也不可能乘船航行。毕菲夸大其词地说：'他从那里返回的途中徒步穿过了从卡德尔（加的斯）到塔纳伊德（顿河）的欧洲全部海岸线。'

不要忘记，这是斯特雷波在毕菲航行300年后所写的，关于毕菲的报道是经过以后许多作者的转述才到了他的手中。在对到达图勒地域的描述中，我们看到一幅含有诗意但并不真实的浓雾笼罩的情景，这种情景是多么富有大西北地区的特点。至于毕菲海上和陆地的旅行范围，斯特雷波完全不能想象的是，"他孤身一人，同时又是个贫民，能够驾船航驶和徒步走过这样长距离的路程……抵达海洋的边缘，探索整个欧洲北部地区……"

罗马人对欧洲的发现

公元前2世纪，罗马人除了对亚平宁半岛和地中海的岛屿有所了解外，在西南欧的边陲地区还对伊比利亚半岛（比利牛斯半岛）和把这个半岛与欧洲大陆相隔离的高山屏障了如指掌。他们最终发现了高原地区、比利牛斯山脉以及比利牛斯的大河流域，这些大河是：阿尼斯河（瓜的亚纳河）、达克河（塔霍河）、杜利河（杜罗河）和伊比尔河（埃布罗河）。与此同时，他们从比利牛斯半岛向北进发，仔细地探察了阿尔卑斯山脉的最主要的隘口。从阿尔卑斯弓形山岳向西，罗马人在马萨利亚的希腊人协助下研究了南地中海的高卢和罗丹河（罗纳河）及加鲁穆河（加龙河）流域的地理状况，同时对汝拉和中央高原的地理状况也做了研究。

可以肯定的是，罗马人早在公元前2世纪已经认识了把高卢与日耳曼相分离的众多大河，这些大河是：里给尔河（卢瓦尔河）、塞克瓦纳河（塞纳河）和莱恩河（莱茵河）。不过按历史传统的说法，对这些地区的认识与恺撒公元前1世纪中期的远征有关。恺撒在《高卢战记》中依照自己远征的行动记录了马萨里奥特人或者罗马的其他盟友——商人们和探险者们所作的发现，后者的姓名没有传到今天。公元前 2 世纪的罗马文献里已经指出了居住在高卢的北部和东部地区，以及塞纳河和莱茵河从上游到下游地区的部落名字：海尔维第人（瑞士人）、贝尔格人、塞克瓦纳人，等等。恺撒横渡位于贝尔格人地区与不列颠之间的狭窄海峡，进入泰美斯（泰晤士）平原，然而罗马人很快从那里退走了，恺撒的远征可以看成是对不列颠的第二次发现。这时罗马人打听到在不列颠主岛之外有一个依维利亚（爱尔兰）大岛，但是他们未必曾经到过那里，因为他们对依维利亚的认识是模糊不清的。

公元 1 世纪，罗马人对不列颠展开了探索和研究。公元 43 年，罗马军团穿过海峡占领了这个主岛南半部地区（威尔士除外）。与此同时，他们从东北方面挺进到恒比尔河，稍后一些时候，他们从西北方面到达爱尔兰海。约在公元 60 年，他们在这个海上占领了安格尔西岛（曼岛）。他们在公元 78—85 年间才完成了对不列颠的发现，那时该地的统治者是朱里·阿格里科拉。此人在西部征服了威尔士半岛，从东北部渡过泰河，并在格兰扁山脚下某地击败了喀利多尼亚山民。然而他把国界确定在较远的南方，位于克莱德河与福尔特河河口区这个岛最狭窄的地方。在阿格里科拉统治时期，罗马人的船舰曾在爱尔兰海中航行，似乎在那时才确定了爱尔兰的地理位置：它是不列颠的主岛。阿格里科拉自己曾派遣一支舰队从泰河河口向北进发，环绕近海海岸航行。罗马航海家们已经确认，不列颠是个海岛，在此次航行中他们在毕菲之后再次发现了奥克尼群岛，并征服了这个群岛。然而罗马人未能向高纬度进发，因为冬季已经来临。他们在遥远的北部看见了一片陆地，认为那片陆地是"遥远图勒"，其实，那片陆地是设得兰群岛的一个岛屿。

公元前 12 年，克拉夫迪·奈龙·德鲁斯率领一支罗马军事探险队沿莱茵河向下游进发，顺着莱茵河下游的一条东部支流进入北海，然后，这个探险队转向东去，驶过阿密金河（埃姆斯河）河口区到达韦祖尔格河（韦泽尔河）。在此次行进中发现了德意志西北部沿海区（或者有可能发现靠近这个沿海区的弗里西亚群岛的一系列岛屿）。德鲁斯的船只在这个浅水区搁浅了，但是德鲁斯率领军团人员沿陆地向东挺进，到达阿尔普河（易北河）边。在返回的途中，德鲁斯被人打死了（公元前 9 年）。在此后两年中，提庇留和在他之后的罗马将领们为了追击一支日耳曼部落，从中莱茵河地区和多瑙河向东前进，到达易北河。就这样，罗马人认识了易北河的上游直至它的河口广大地区。

公元4—6年，在对北部日耳曼部落的远征期间，提庇留的舰队驶出莱茵河，来到易北河河口，然后转向北方，发现了日德兰半岛的整个沿海区以及附近的岛屿。关于这次地理探险的发现成果，当时的罗马地理学家波穆波尼·米拉作了简要的记述，他说："阿尔普河河口以外便是宽阔的科丹海湾，海湾中有大大小小的岛屿，岛屿之间相距不远，所以这里的海不像是个海，海水把岛屿分开并使它们远离大陆，这里的海水呈现类似狭窄的渠道分支的网状。然后海岸线蜿蜒而去，形成了一个椭圆形的海湾。这里养育着基姆福尔人和最后的一个日耳曼部落——日尔米荣人。"

按古罗马作家大普林尼（23—79年）的记载，在日德兰半岛北部顶端的基姆福尔斯克角，罗马航海者们看到或者听到过西徐亚国家的情况和"异常潮湿和冰冻的地域"。这是罗马人得到波罗的海的第一个信息，显然，罗马人对此不甚理解。罗马人极力夸大这个海的面积，把它看做是北海的一个部分，所以他们把这个岛称作斯堪的纳维亚。

➤➤➤ 知识点

海　湾

　　海湾通常定义为海洋在两个陆角或海岬之间向陆凹进、有广大范围被海岸部分环绕的水域。海湾常见为 U 形及圆弧形，通常以湾口附近两个对应海角的连线作为海湾最外部的分界线。与海湾相对的是三面环海的海岬。世界上面积超过 100 万平方千米的大海湾共有 5 个，即位于印度洋东北部的孟加拉湾，位于大西洋西部美国南部的墨西哥湾，位于非洲中部西岸的几内亚湾，位于太平洋北部的阿拉斯加湾，位于加拿大东北部的哈德逊湾。

延伸阅读

南欧地区

南欧即指欧洲的南部地区，具体来说是指阿尔卑斯山脉以南的巴尔干半岛、亚平宁半岛、伊比利亚半岛和附近岛屿，也是对位于阿尔卑斯山脉以南的欧洲诸国的统称。南欧面积约166万多平方千米，东濒黑海，南临地中海，西滨大西洋。西南以直布罗陀海峡、东南以达达尼尔海峡、马尔马拉海和博斯普鲁斯海峡与非洲、亚洲分隔。主要包括巴尔干半岛上的罗马尼亚、保加利亚、塞尔维亚、黑山、克罗地亚、斯洛文尼亚、波斯尼亚和黑塞哥维那、马其顿、阿尔巴尼亚和希腊；亚平宁半岛上的意大利、圣马力诺和梵蒂冈；伊比利亚半岛上的西班牙、葡萄牙、安道尔、摩纳哥等国家和地区。

张骞在西域的发现

匈奴是我国古代民族之一，居于我国北方疆土，是夏民族的后裔，与殷、周并为我国古代3个较强大的民族集团。直到公元前3世纪，它还处于部落分立的奴隶制社会，主要从事畜牧业生产，在水草分布很不均匀的蒙古高原过着游牧生活。

秦帝国时，匈奴单于头曼被秦打败，就向北迁徙。后来，头曼的儿子冒顿杀父夺位，向东打败了东胡，至西赶走了西方的大月氏，并且不断南侵。汉帝国建立之初，曾采取和亲政策以图维持和平、休养生息，但匈奴上层集团却屡屡破坏和约。汉武帝刘彻17岁登基，这位雄心勃勃的皇帝下决心要击败匈奴。

原在甘肃河西走廊一带居住着大月氏族，在西汉初年曾遭到匈奴冒顿单于的掠夺。冒顿之后的老上单于也侵袭了大月氏，甚至杀了大月氏王，用他的头颅作酒器。大月氏族一再向西迁徙，想报仇又苦于力量薄弱。汉武帝从投降汉朝的匈奴人那里了解到这一情况，就想联合大月氏，由他们从西面牵制匈奴，以便汉朝军队集中力量从正面出击。这样，汉武帝决定招募有才干的人出使西域。

下诏之后，首先应募的人是张骞。张骞是陕西汉中人，当时是汉武帝近旁的侍从官。与他同时应募的还有一个匈奴族人，名叫堂邑父（甘父）。公元前138年，汉武帝就派张骞率领100多名随行人员，由长安出发西行。

到西域去，在当时来说，每一步都是探险。中原地区的人们对那里的情况不了解，只有不少猜测与传说。有的说那里住着长翅膀的"苗民"；有的说那里有宛渠国，"国人长十丈"；更有的说那边有瑶池、瑶台，群玉之山，住着西王母之类的神仙。

传说只使人感到神秘莫测，而现实则如过鬼门关。因为向西去必须经过匈奴人控制的广大地区。汉朝使者随时都有被掳杀的危险。张骞一行出了陇西后果真就让匈奴军队包围了，因寡不敌众，被抓了去见单于。当时匈奴的首领军臣单于对张骞软硬兼施，给张骞娶了一个匈奴族的妻子。这样过了10年，张骞始终"持汉节不失"，念念不忘自己的使命。趁匈奴人的监视日渐放松，他终于在公元前127年率领堂邑父等随行人员逃离了虎口，继续按原来预想的目标前进。

他们穿过沙漠，翻越葱岭，向西跑了几十天，终于出了匈奴的地界，来到大宛国。大宛国王早就听说汉朝是个富饶强盛的国家，很希望建立联系，只是碍于匈奴而"欲通不得"。汉朝使者突然登门来访，使他们喜出望外。国王很热情地接待了张骞，问明来意后就派向导带他们去大月氏。途中曾在康居国停留。康居位于今巴尔喀什湖和咸海之间。张骞再由康居到大月氏。原来大月氏被匈奴击败而西迁后，又遭"乌孙"人袭击再迁至阿姆河流域，占了巴克特里亚的地盘，推翻了希腊人在那里的统治。张骞到这里时，大月氏还立足未久。

张骞按汉武帝的意思，建议大月氏国王和汉朝一起讨伐匈奴。但大月氏王此时已无意返回故地了。张骞在这里住了一年多，对大月氏国及其周围各国情况做了实际考察，获得了有关西域的第一手材料。他曾到大夏国去了一次。在那里见到了中国四川邛山出产的竹杖和成都出产的细布。听大夏人说，这些东西是商人从身毒（今印度）买来的。

张骞劝不动大月氏王，也只好回国了。他从北面绕过帕米尔高原。张骞把帕米尔高原称为葱岭。张骞注意到，帕米尔高原是一个明显的分水岭，以此为界，一些河流向西流去，另一些河流向东流去，流向中国。张骞穿过阿赖山谷地，路经喀什和叶尔羌，抵达忽炭。他路经一个又一个沙漠绿洲，沿

帕米尔高原

着塔克拉玛干沙漠的南部边缘来到一片广阔的平坦凹地，游移不定的内陆死湖罗布泊就在这里。

张骞来到罗布泊的那年，罗布泊的湖水是咸的，因此他把这座湖叫做咸湖。显然，他听当地的居民说，这座湖有时消失得无影无踪。因此他得出了一个结论：从于阗（忽炭）起河水向东流去，注入咸湖（罗布泊），咸湖渗入地下，在南面产生了黄河的源头，黄河流向中国。

现在我们知道，这个结论是地理学上一大错误。罗布泊的海拔高度只有780米，而黄河的源头是在西藏高原东部的札陵湖和鄂陵湖，这是两座淡水湖，它们在罗布泊的东南约800千米处，且海拔高度有4 230米。然而，在公元前2世纪时，张骞的错误结论已经比古代中国的地理传闻前进了一大步，那个地理传闻说，黄河发源于神秘莫测的昆仑山脉。

罗布泊以东是匈奴人统治的地区，匈奴人再次扣留了张骞。仅过了一年之后，张骞便携带家属和他忠实的朋友堂邑父逃跑了。他们既无钱财又无食物，由于堂邑父是一个熟练能干的弓箭手，"在最困难的时刻他箭射禽兽充饥"，他们才不致忍饥挨饿。公元前126年，张骞携带家属回国，在外漂泊了13年之久。回国时张骞率领的使团人员只剩下张骞和堂邑父两个人了。

根据张骞的推算——这个推算在当时来说是较为准确的，他在这次旅行

中行走了 12 500 千米路程。他第一次给中国带回有关下列诸地区的确切情报：中亚的草原和沙漠；中亚庞大的山系——天山和帕米尔高原（葱岭）；发源于这些山脉的中亚巨大河流——注入西海（此处指咸海或里海）的锡尔河和阿姆河（他把咸海和里海混为一谈），以及流入罗布泊的塔里木河。他是从远东"开拓通往西域道路的第一个人"。从西域可以通往印度。他首先指出了从中国前往印度还有另外一条距离较短的路线，按照他的见解，这是一条极为危险的西南山路，即由长江中游（四川）出发经过云南高原的路线。

汉武帝首先下令分派四路使者从长江中游地区的不同地点前往印度，但是这些使者都没有到达目的地，他们各走了 500～1 000 千米的路程，由于沿途遭到夷族山民的抗击而被迫返回。开拓通往印度的南部路线的尝试失败了（经印度前去大夏和大宛），这使汉朝廷不得不重新考虑到通往西域的北部路线。此时，张骞被任命为一支大军的首领。大约在公元前 123 年，他参加了进击匈奴人的一次远征，由于"知善水草处，军得以无饥渴"，获胜后被封为侯。然而，到了第二年，一支汉军队被匈奴人击溃了，这次失败归罪于张骞，他被削去了侯爵，被判处死刑。"然而，张骞出钱赎罪，成了一个平民老百姓。"

此后，汉武帝又听取了这位被贬的伟大旅行家关于西域各国事务的建议，约在公元前 106 年，命张骞率领 300 人的骑队，携带大批随员，成群牲畜以及送给乌孙首领的大量礼品，出使赤谷城（中天山），劝说乌孙上层首领与汉朝廷结成联盟。张骞从赤谷把自己的副使分派到中亚各王国和首领所在地，向安息（波斯北部王

张骞铜像

国）和身毒（印度）也派出了副使。这样，中国第一次与亚洲的西南部，包括博斯普鲁斯海峡、地中海和红海至伊朗高原一带和南亚各国建立了直接的联系。大约在公元前105年，张骞返回长安。回国后过了一年（公元前104年或前103年），张骞去世，死后葬在故乡——今陕西省固县张家村。

张骞之行丰富了我国人民和当时西域各国人民的地理知识，扩大了我国人民的地理视野，直至罗马的东部、印度的北部。同时也促进了我国与西域的经济文化交流。从此以后双方使者商人往来不绝，所以张骞西域之行的意义不局限于其本身，而且对地理学的发展、对人类文明的发展影响是极为深远的。

知识点

西 域

西域狭义上是指玉门关、阳关以西，葱岭（今帕米尔高原）以东，巴尔喀什湖东、南及新疆的广大地区。广义的西域则是指凡是通过狭义西域所能到达的地区，包括亚洲中、西部，印度半岛等地区。在汉、唐时期，西域被特指汉、唐两政府安排的行政机构所管辖的今我国新疆大部及中亚部分地区，是古时"丝绸之路"的重要组成部分，其对东西方国家的贸易文化交流起到中转站的重要作用。

延伸阅读

西汉的和亲政策

和亲是指两个不同民族或同一种族的两个不同政权的首领之间出于"和平"的目的所进行的联姻。西汉初年，匈奴力量空前强大，他们经常进入今冀北、山西、陕西北部以及内蒙古河套一带，所到之处践踏庄稼，劫夺财产，掳掠人口，不但给当地的人民带来深重的灾难，而且威胁到西汉政权的统治，但由于当时的西汉国力还很微弱，因此西汉政权的统治者采取了与匈奴的和亲来维持边境的短暂安宁，但是为和亲付出很大代价的西汉，却没能通过和亲达到预期的效果，反而使匈奴贵族得以过上豪华奢侈的生活，在一定程度上助长了他们的贪欲。汉武帝之后，西汉的国力逐渐增强，汉武帝曾两次兵败匈奴。公元前33年，呼韩邪单于入朝觐见，提出愿意与西汉和亲联姻，西汉统治者应允，于是"昭君出塞"和亲，在昭君出塞后的几十年时间里，汉匈两家一直保持了友好和睦关系。

纳特多德发现冰岛

与不列颠岛一海之隔的日德兰半岛和斯堪的纳维亚半岛是诺曼人的故土。诺曼人是指北方人，他们当时仍处于氏族社会阶段，但氏族内部已分化出氏族贵族和军事贵族。诺曼人彪悍，不善农业，却擅长航海。他们的军事首领经常率领部落乘张帆快船向外掠夺，来去无踪，侵吞成性，因此在历史上被称为北欧海盗。

诺曼人的侵略以及把战利品带回斯堪的纳维亚半岛，并未使这个发端于贫瘠峡湾地区的民族生活有永久的改善，他们渴望寻找新的迁徙地以过安居乐业的日子。

最早登上冰岛的北欧海盗是挪威人纳特多德。860年，他由于犯了杀人罪，无处安身，便约同几个伙伴干起了海上抢劫的行当。有一次，他们被巨大风暴刮得远离了航线。当风停云开之时，眼前出现了一片陆地。他们登上了海岸，满目是凄惨冷漠的原野和峥嵘荒凉的山峦。他们被这可怖的景象吓坏了，急急返回船上。这时天空飘起了鹅毛大雪，于是，他就给这个岛取名为雪岛。

大约在相同的时间，一位名叫加达·斯拉瓦松的瑞典人也是因为海上风暴被刮到了这片陆地。他登陆的地点在纳特多德登陆点以南的93千米的地方。但加达并没有立即返航，而是带着全船人员紧贴海岸向西南航行。他们绕过一堵极高的冰墙和一条延伸数千米的大冰川，来到了一个火山区。火山闪着红光，喷着浓烟，而在岸边的岩礁上，栖居着无数的海鸟。

就在这片新土地的峭壁之上，加达搭了一个小棚子，度过了寒冷的冬天。第二年春他们才驾船回乡。

纳特多德和加达的冒险经历，在诺曼人中间流传很广。一两年后，挪威人弗洛基·维尔格达松带着全家人连同家具、牲畜驶向雪岛，打算在雪岛定居下来。他在船的甲板上养了3只大渡鸦。他把这些渡鸦看作神鸟，想靠它们来指引航向。离开法罗群岛不久，他就放出了第一只渡鸦，渡鸦在空中盘旋了一圈，就笔直飞回法罗群岛。船又航行了几天，他放出了第二只渡鸦。它在天空转了几圈，又回到了船上。船继续向前，他放出了第三只渡鸦。这次，渡鸦毫不犹豫向西飞去。弗洛基紧随在它后面航行，这样他就来到了雪岛。

弗洛基进行过一次环岛航行，最后来到西北面的一个大海湾安顿下来，这个海湾后来被叫做布雷迪峡湾。海湾里有大量的鳟鱼、鳕鱼和海豹，海滩上长满了青草，为此他养的牛长得膘肥体壮。弗洛基勤奋地打猎捕鱼，但他忘记了为牲口准备过冬的

渡　鸦

干草。寒冬来了，他的牛纷纷倒毙。第二年夏末，他只好启程回挪威，哪知途中却遇上了风暴，使他没法绕过南面的海岬。于是，他又停了下来，在一个破旧的茅舍里再过漫长而哆嗦的冬天。直到第三年，他才回到故乡。这时，他已一贫如洗了。出于对那个岛的诅咒，他把它改称为冰岛，这名字一直沿用至今。

在冰岛的早期移民中，有一对兄弟，他们也是挪威人。哥哥叫英高尔·

冰 岛

阿拉森，弟弟叫约利夫·若特玛森。他们由于卷入一场世仇争斗，杀了人，被罚以重金，因此决定前往"渡鸦弗洛基"的传说之地。他们驾驶着一艘大船，顺利到达了冰岛，并在那里度过了一个冬天。返航时，他们都认为这片土地非常富饶，准备将来到此长期定居。

但他们所选择的冰岛，是一块荒瘠和肥沃对比非常悬殊的土地，只有海岸一带适于当时人居住，而内地则是赤裸的熔岩和寒冷的冰河，并不是移民的好地方。他们并没看清这一点，反而心里洋溢着幻想。兄弟俩作了分工：英高尔负责处理资金等事务，弟弟约利夫则到爱尔兰的北欧海盗聚居地购买奴隶。

第二年春天，他们准备就绪，便驾着两条船来到了冰岛。为了选择合适的定居点，兄弟俩按照诺曼人古老的习俗，把刻有图案的木板扔到海里，由它在前面引路，船只紧紧跟随。如果木板在什么地方被搁住，那么那地方就是他们的新家园。

木板迅速向西漂去，兄弟俩各自驾着船尾随着航行。不久，驶在后面的弟弟约利夫不耐烦了，他只航行了130千米便上了岸，并盖起了房子——直到今天，这些房子的废墟仍然静悄悄地挺立在闪烁的碎石之中。春天来了，他辛勤地耕地播种。但他只有一头公牛，不够用，不得不让爱尔兰奴隶套上牛轭和牛一起拉犁。这些爱尔兰奴隶把这看作是奇耻大辱，他们偷偷把牛宰掉，并向约利夫谎报牛被棕熊吃掉了。约利夫信以为真，与同伴分头去寻找在冰岛根本不存在的棕熊。奴隶们在森林里各个击破，把他们全都杀了，然后回到营地，把财物洗劫一空，跳上船，逃到外围的小岛上躲了起来。

这时，英高尔在一个暴风夜失去了跟随的目标，木板不见了。他驾着船到处寻找木板，碰巧来到了这儿，意外地发现倒毙在地上的弟弟约利夫。他找到了爱尔兰奴隶的藏身地，把他们全部杀了，随后继续寻觅那块木板。他来到了一道碧净的河湾。河湾的景观非常奇特，它像一条醒目的分界线，河的一边绿草如茵，而另一边却是毛骨悚然的熔岩荒滩。英高尔派出两个人去看看是否有木板，木板居然奇迹般地漂到这里搁住了。这地方可能是冰岛上最为凄凉的地方，地面上盖满了火山灰，港湾里全是怪味的烟尘。他们悲伤地惊呼："啊，老天，我们多么不幸！我们走遍了新土地的

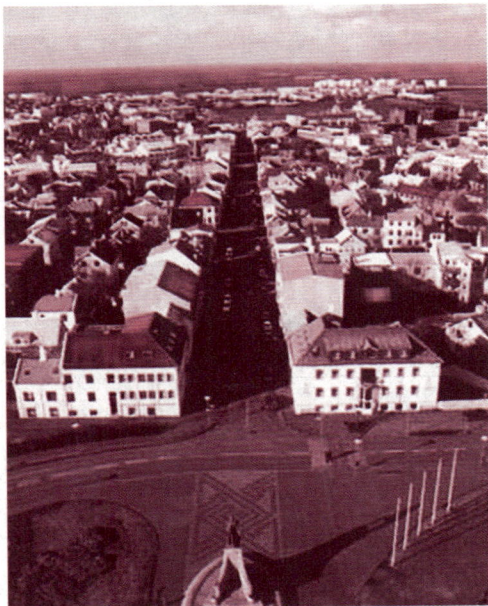

冰岛首都雷克雅未克

每个地方，最后却落到这个被神灵遗弃的角落。"但英高尔相信这是神的旨意，他就在木板搁浅的海岸上盖起了房子，接着又在那里圈占了 3 430 平方千米的土地，度过了他的余生。他打猎、种庄稼、养牲畜，后来繁衍了一个大家族。这个大家族成了冰岛的第一个朝代，也就是北极地区第一个朝代。

英高尔最早居住的地方就是现在的雷克雅未克，冰岛共和国的首都。

知识点

氏　族

氏族又称氏族公社，是指原始社会中以相同的血缘关系结合的人类社会群体，是原始社会一定发展阶段上的社会组织和经济组织的基本单位，大约产生于旧石器时代中、晚期。他们往往用一种动物或植物作为

本氏族的图腾标记。在氏族中，婚姻有一定的规定，禁止长辈与晚辈之间的通婚，也排斥兄弟姐妹之间的婚配，甚至禁止与母方最远的旁系亲属婚配。氏族成员的地位平等，集体劳动，平均分配，财产共享，公共事务由氏族首领管理，重大事务由氏族成员组成的氏族会议决定。

延伸阅读

北欧海盗

北欧海盗是指来自挪威、瑞典和丹麦的海上强盗。在公元800—1100年间，他们驾驶着船活跃在西北欧的海岸线上，见到可夺的财宝便劫掠而去。北欧海盗一词是后来才开始使用的，当时的人们称他们为斯堪的纳维亚人。他们多数人手持剑刃、长矛和斧头徒步作战，少数有钱的北欧海盗骑马作战。北欧海盗并不是什么时候都是不折不扣的海盗。在家里，他们是农民、渔夫、商人或者工匠。许多北欧海盗到法国北部、英格兰北部以及都柏林一带定居下来。北欧海盗进攻目标主要是英格兰和爱尔兰，但也远行到直布罗陀和地中海一带抢掠。北欧海盗个个都是很了不起的水手，他们在古时候进行了许多令人刮目相看的航行，对地理发现有着一定的贡献。

玄奘西行的地理贡献

玄奘，俗姓陈，名祎，洛州缑氏（今河南省偃师）人，因精通佛教经典"经、律、论"，被尊称为"三藏法师"。玄奘出身于书香门第，父亲曾为陈留、江陵等地县令。父母都信佛，玄奘从小就好佛，10岁随哥哥进入佛门，13岁剃度出家，21岁受具足戒。

出家之后，玄奘积极修习，钻研经典，口诵目览，学问日进。他早期在洛阳净土寺诵习佛典，后赴长安，游历成都、荆州、扬州、苏州、相州（今河南安阳)、赵州等地，遍访名师，后复至长安，遍访佛教名师，先后从慧休、道深、法常、僧辩、玄会等学《摄大乘论》、《成实论》、《俱舍论》、《大般涅槃经》等佛教经典，造诣日深。

玄奘游学各地，遍习经论，已有极高声名，本可安住京师，但这并不是他的目的，他志在进一步探究学问。他在参学修习过程中发现，所学法相唯识之学，各擅宗途，歧义颇多，而验之于佛典，亦隐显有异，无可适从。于是，他下决心到西域取回《十七地论》（或作《瑜伽师地论》)，以释众疑。

出发之前，玄奘与友结伴向朝廷奏请西行求法，由于当时的边境政策所限，没有得到唐太宗的批准。同伴们见势而退，唯玄奘决心已定，矢志求法。

玄奘像

贞观元年（627 年)，一说是贞观三年（629 年)，时值八月，因那年农业遭霜害，有许多京师道俗四出，去丰收之地祈食化缘，玄奘遂乘此机会，从长安出发，孤身踏上万里征途，开始了他的西行之旅。

当时的印度小国林立，分为东、西、南、北、中五部分，史称五印度或五天竺。玄奘先到北印度，在那里拜望高僧，巡礼佛教圣地，跋涉数千里，经历十余国，于贞观五年（631 年）进入恒河流域的中印度。

在中印度的摩揭陀国拥有全印度规模最大并居印度千万所寺院之首的那烂陀寺，这是当时全印度的文化中心、玄奘西行求法的目的地。寺中僧徒常有万人，聚集了精通各项学术的精英，还收藏着佛教大、小乘经典、婆罗门教经典及医药、天文、地理、技术等书籍。

玄奘在那烂陀寺向寺住持、当时印度佛学权威戒贤法师学习《瑜伽论》等，又研究了寺中收藏的佛教典籍，兼学梵文和印度方言。

玄奘在那烂陀寺研习佛法达 5 年之久，佛学造诣日渐博大精深，从而备受礼遇，并被选为通晓三藏的十德之一（即精通 50 部经书的 10 名高僧之一）。

贞观十年（636 年）玄奘离开那烂陀寺，先后到伊烂拏钵伐多国（今印度北部蒙吉尔）、驮那羯磔迦国（今印度东海岸克里希纳河口处）、达罗毗荼国（今印度马德拉斯市以南地区）、狼揭罗国（今印度河西莫克兰东部一带）、钵伐多国（约今克什米尔的查谟），访师参学。他在钵伐多国停留两年，悉心研习《正量部根本阿毗达摩论》及《摄正法论》、《成实论》等，然后重返那烂陀寺。

玄奘的学识受到印度僧俗的极大敬重，贞观十七年（643 年）春，玄奘谢绝了那烂陀寺众僧的一再挽留，决意回国，携带 657 部佛经，取道今巴基斯坦北上，经阿富汗，翻越帕米尔高原，沿塔里木盆地南线回国，两年后回到了阔别已久的首都长安。玄奘此次西行取经，行程 25 000 千米，往返历时 18 年，是一次艰难而又伟大的旅行。

得知玄奘回国，唐太宗在洛阳召见了他，并敦促他将在西域、印度的所见所闻撰写成书。于是，由玄奘口述、弟子辩机执笔的《大唐西域记》一书于贞观二十年（646 年）七月完成了。

《大唐西域记》分 12 卷，共 10 余万字。全书共记述了玄奘亲身经历的 110 国和得之传闻的 28 国情况，包括今中国新疆维吾尔自治区和前苏联中亚地区、阿富汗、伊朗、巴基斯坦、印度、尼泊尔、孟加拉、斯里兰卡等地的情况。

《大唐西域记》包罗万象，书中对各国的记述繁简不一，通常包括国

唐太宗像

名、地理形势、幅员广狭、都邑大小、历时计算法、国王、族姓、宫室、农业、物产、货币、食物、衣饰、语言、文字、礼仪、兵刑、风俗、宗教信仰以及佛教圣迹、寺数、僧数、大小乘教的流行情况等内容。

该书对研究古代中亚及南亚的历史，有非常重要的参考价值。考古学家曾根据书中提供的线索，发掘和鉴定了许多有重要价值的历史遗址和文物。印度著名的那烂陀寺遗址，就是根据该书提供的线索发掘和复原的。

近代以来，中外历史学家和考古学家对该书进行过大量的研究，对书中的人名、地名、历史事件和宗教、社会、语言、民族等方面都做了详细的诠释和探讨。

《大唐西域记》的记载之丰富，不但在中国地理学史上，就是在世界地理学史上也占有重要地位。

> ➤ **知识点**

具足戒

具足戒也称近具戒、大戒，略称具戒，出家者只有受过此戒才能成为比丘、比丘尼。因与沙弥（尼）所受十戒相比，戒品具足，故称具足戒。具足戒的内容，南北传佛教所传的戒本不同，按照我国唐以后最盛行的《四分律》，比丘戒有256条，比丘尼戒有348条。

> **延伸阅读**

玄奘与大雁塔

大雁塔位于陕西省西安市南郊慈恩寺内，是全国著名的古代建筑，被视为古都西安的象征。相传是玄奘法师从印度取经归来后，专门从事译经和藏经之处。因是仿照印度雁塔样式修建而成，故名雁塔。由于后来又在长安荐福寺内修建了一座较小的雁塔，为了区别，人们就把慈恩寺内的塔叫大雁塔，荐福寺内的塔叫小雁塔。大雁塔平面呈方形，建在一座方约45米，高约5米的台基上。塔7层，底层边长25米，由地面至塔顶高64米。塔身用砖砌成，磨砖对缝坚固异常。塔内有楼梯，可以盘旋而上。每层四面各有一个拱券门洞，可以凭栏远眺。塔的底层四面皆有石门，门楣上均有精美的线刻佛像，相传为唐代大画家阎立本的手笔。塔南门两侧的砖龛内，嵌有唐初四大书法家之一的褚遂良所书的《大唐三藏圣教序》和《述三藏圣教序记》两块石碑。唐末以后，寺院屡遭战火，殿宇焚毁，只有大雁塔未曾损毁。

马可·波罗的东方见闻

马可·波罗1254年生于意大利的威尼斯，他的父亲和叔父都是商人，曾经三次穿越亚洲地区，两人在他们的亚洲之行中到了中国并且见到了元朝皇帝忽必烈。父辈经商旅行过程中的见闻引起了马可·波罗的兴趣和向往，他希望自己有一天也能跟他们一起漫游东方这块古老而又神秘的土地。

1271年，马可·波罗和父亲、叔父一行三人带着罗马教皇的信函从基督教圣地阿克城出发，踏上了东行的旅程。他们首先抵达亚历山大勒塔湾的刺牙思城（今阿亚什城），然后沿着被荒凉的群山包围的大平原前进，经小亚细亚和亚美尼亚高原来到库尔德斯坦，再沿底格里斯河河谷顺流而下，经过格达到达巴拉香。接着，他们穿过伊朗到达波斯湾的尽头霍尔木兹港。

波罗一家原打算从霍尔木兹走海路到中国，但那里的航船不安全，于是他们返回克尔漫，穿越150千米长的沙漠地带，越过伊朗高原，经凯恩城、巴尔赫城进入帕米尔高原和兴都库什山山地。

在海拔4 000米的高寒地带，他们经受了严寒、饥饿和疾病的考验，但最终走到了喀什噶尔绿洲。为了避开炎热干燥的塔克拉玛干沙漠，他们只得往南绕行，这样他们只能在高原上行进了。穿过西藏东北地区，他们到达了黑河上游的张掖，这里当时称甘州。在甘州，他们停留了一年的时间，然后向东南穿过西藏东北部的诸多王国，抵达西宁城。

波罗一家走过的这条路线并没有商业价值，却有探险的价值，尽管他们当时可能完全没有意识到这一点。一路上他们数次穿过山地、高原和沙漠，时常面临饥寒交迫、险象环生的困难境地，正因为如此，他们的东方之行才更具有探险意义。

离开西宁城后，行程开始比较顺利了，他们沿黄河中游河谷行进，尽管路途并不十分平坦，但他们已进入人口密集的地区。1275 年，历经艰难困苦，他们终于到了开平府，这里是蒙古大汗的临时行宫，位于元朝都城汗八里（汗城）以北，张家口以东。

元朝皇帝忽必烈见到这两个从前的相识非常高兴。马可·波罗的父辈们向大汗呈上他们随身携带的礼物、教皇的信函以及从耶路撒冷带来的圣油，并把马可·波罗介绍给忽必烈。马可·波罗一到中国就受到忽必烈的信任，他被任命为侍从，并很快学会了蒙古语、土耳其语和波斯语，还学会了一些汉语。由于马可·波罗兴趣广泛，聪明好学，做事又认真，因此多次被忽必烈委以特殊使命，到过许多地方。

XUANMIAO DE DILI GUSHI

元世祖忽必烈

在中国，马可·波罗在旅行中没有遇到什么麻烦。一方面，当时中国交通十分发达，遍布各地的驿站可随时为他提供交通工具和各种方便；另一方面，作为官方的信使，马可·波罗享有特殊优待。他经河北、山西，过黄河入关中，逾秦岭至四川成都，再到建昌，经过西藏，渡金沙江抵昆明。后来他游历了江南一带，去过淮安、扬州、南京、苏州、杭州、福州、泉州等地。

马可·波罗在朝中为官时，深知忽必烈对各地的奇风异俗、特产很感兴趣，各处使臣常因不能回答他的各种询问而受到责骂。所以，马可·波罗在各地游历时，特别注意观察、调查，因此，深得忽必烈的欢心。他在《马可·波罗游记》中记述了在福建泉州所看到的贸易往来的情况："印度的一些商船，装载着香料和其他贵重物品，都停靠在这里。这里也是一些南方商人经常来往的港口，因此运到这里的货物、宝石、珍珠等多得无法计数，简直不可思议。这些物品从这个港口再运往国内各地。"

就这样，马可·波罗和他的父亲、叔父利用在中国的时间，通过自己亲身的游历和观察，了解和熟悉了中国大部分的风土人情，目睹了忽必烈王朝的繁荣，成为最早系统地认识和了解东方的欧洲人。

波罗一家在元朝受到了作为外国人所能受到的前所未有的恩宠和礼遇，尽管如此，老波罗们还是希望在有生之年回到祖国。因此，他们决定返回威尼斯。

这时碰巧发生了一件事。1286年，伊尔汗国王妃去世，伊尔汗王派使臣到元朝请忽必烈赐婚。忽必烈选了一位公主赐予他，并派马可·波罗护送公主前去完婚，原因是马可·波罗曾受他指派，去过南洋，熟悉海上交通情况。忽必烈还特准波罗一家回国探亲，并要他们再回中国来。出发之前忽必烈特地为马可·波罗一家饯行并赐以厚礼，还请他们带上给罗马教皇和基督教诸国国王的礼物。

1292年，送亲队伍离开大都，沿大运河南下，在泉州海岸扬帆远航。船队穿过南中国海在苏门答腊岛作了一番休整，在岛上一直逗留了5个月。

从苏门答腊起程，这支由13艘船组成的船队经过了尼科巴群岛和安达曼群岛，到达锡兰，然后沿西印度斯坦和伊朗南岸继续前行，穿

威尼斯风光

过霍尔木兹海峡，驶入波斯湾。至此，马可·波罗完成了元朝皇帝赋予的任务。

1295 年，波罗一行三人回到阔别已久的家乡，他们漫游东方的消息轰动了整个威尼斯，从社会名流到一般市民都争相前来看望，听马可·波罗讲"海外奇谈"。这一家人带回的珍宝也使人们心驰神往。

1298 年 9 月，马可·波罗所在的威尼斯与热那亚爆发了一场战争。为了保卫家园，马可·波罗自己出钱装备了一艘战舰参加战斗，并亲自担任舰长。然而威尼斯在战争中失败了，马可·波罗也受伤被俘，被关进热那亚的监狱。尽管他身在狱中，仍不断有人找他，听他谈东方的趣闻。狱中有一名叫鲁恩梯谦的狱友，是个作家。他把马可·波罗所讲的事情，用法语记录了下来，写成《马可·波罗游记》一书。

马可·波罗度过了 4 年的狱中生活后，被释放回家。他在威尼斯结了婚，继续经商，但未再出门远行。《马可·波罗游记》于 14 世纪初问世时，印刷术尚未从中国传入欧洲，人们争相传诵，辗转抄阅和翻译，后来竟有五六十种版本。由于书中所记的地理、方物、史事等超出了欧洲人的想象和常识，他们尤其不相信东方还有这么高度文明的国家，有的学者甚至怀疑马可·波罗其人其事的真实性。在马可·波罗弥留之际，亲友竟认为他"撒了弥天大谎"，劝说他忏

马可·波罗画像

悔，他坚决地拒绝了，并郑重声明说："书中所写，还不及我见到的一半。"

1323 年，马可·波罗在近 70 岁的时候去世了。当时的人们并不了解他一生的价值，连他自己也不了解。然而，在马可·波罗去世了若干年后，《马可·波罗游记》连同他的作者名字终于引起欧洲乃至世界的关注。14—15 世纪，《马可·波罗游记》成了当时人们绘制亚洲地图的指导性文献之一。在 1375 年绘制的天主教世界地图和其他许多著名的地图上，使用了许多《马

可·波罗游记》中用过的地名。这本书为欧洲人了解东方世界打开了一扇窗户。

马可·波罗对于中国和亚洲其他国家的描述，展示了东方的文明和财富，引起了欧洲各国政府和探险家们的浓厚兴趣，从而开创了后来欧洲人地理大发现的先声。

▶ 知识点

驿　站

驿站是古代供传递官府文书和来往官员途中食宿、换马的场所。我国是世界上最早建立传递信息组织的国家之一，驿站建立距今已有4000余年的历史。在我国古代运输中，驿站担负着各种政治、经济、文化、军事等方面的信息传递任务，其组织严密，等级分明。

延伸阅读

对马可·波罗是否来过中国的争议

对于马可·波罗是否来过中国，国际上一直以来有过争议。肯定或承认马可·波罗到过中国，主要有两个方面的理由：一是人们对马可·波罗与《马可·波罗游记》的善意解释。另一方面的原因是《马可·波罗游记》所记载的某些内容若非亲身经历是不可能知道得那样详细具体的。比如，《马可·波罗游记》关于杭州的记载说，杭州当时是世界上最美的城市，商业兴隆，有12种行业，每种行业有12 000户。城中有一个大湖（即西湖），周围达30英里，风景优美。这些记载在《乾道临安志》和《梦梁录》等古籍中得到了印证。关于苏州的桥、市井文化等等，《马可·波罗游记》的记载都相当的详细、具体。这些事情在当时的历史背景下是不可能通过道听途说得到的。但是，有一些学者坚持认为，《马可·波罗游记》的内容都是在重述一些尽人皆知的事情，比如元朝的远征日本、王著叛乱、波斯使臣护送阔阔真公主等。1995 年，英国历史学家弗朗西斯·伍德著书称，马可·波罗事实上没有到过黑海以外地区，当时在中国很常见的一些东西，如四大发明、筷子、裹脚布和长城等，马可·波罗都没有提到过，所以，不可能到过中国。时至今日，这种争论还在进行着。

郑和七下西洋

郑和于 1371 年出生于云南昆阳州和代村（今昆明市晋宁县）一个普通的马姓人家，父母给他起了一个吉祥的名字——马和，小名三保。

小马和出生之际，正是兵荒马乱的元末明初，蒙古统治者已被农民起义军推翻，但云南仍有元朝残余势力负隅顽抗。直到 1382 年，明朝才起大军平定云南，马和的父亲死于战乱，11 岁的马和也被明军掳走，不久被送到北京的燕王府当了个小太监。

由于马和聪明能干，办事认真，加上在后来的塞外出征和内部争夺王位的战争中，屡建奇功，表现出很强的组织能力和军事指挥才干，深得燕王朱棣的赏识和信任。1403 年朱棣当上皇帝（明成祖）后，马和被赐姓郑，从此他又被称为"三保太监（或三宝太监）"。

中国是个海洋国家，汉朝就已经开辟了北起渤海、南至南越（今广东省境内）的海上交通线。经过唐、宋、元几个朝代的发展，海路可到达印度半岛西岸和波斯湾。

明王朝建立后，农业连年丰收，商业日益繁荣，手工业也活跃起来，造船业更有了长足的进步。为了显示中国的国威，扩大海外贸易，加强与各国人民的传统友谊和友好往来，明成祖朱棣决定派郑和为使者，率领一支船队出使"西洋"。需要说明的是，当时人们所说的"西洋"不是今人所指的欧洲大陆，东西洋的划分以我国南部的南海为界，南海以东为"东洋"，南海以西为"西洋"。

　　1405 年 7 月 11 日，郑和率领船队从苏州浏家港（今江苏太仓浏河）起航。62 艘巨船加上更多的中小船只依次离开码头，在万里长江上一字排开，像条长达 10 余里的巨龙，在波涛滚滚的江面上浩浩荡荡地向前驶去。

　　船队由江入海，转舵改向，在辽阔的东海上向南进发。船队中有不同类型的船，除众多的"宝船"之外，还有专用的马船、粮船、坐船、战船、水船。中等的宝船有 37 丈多长，15 丈多宽。大的宝船长达 44.4 丈，宽 18 丈，有 9 根桅杆，12 张船帆，简直可以同现代的万吨巨轮相媲美。船上有各种级别的行政官员、军事人员、航海技术人员、办事人员，以及通事（翻译）和众多的医务人员，共计两万七八千人。

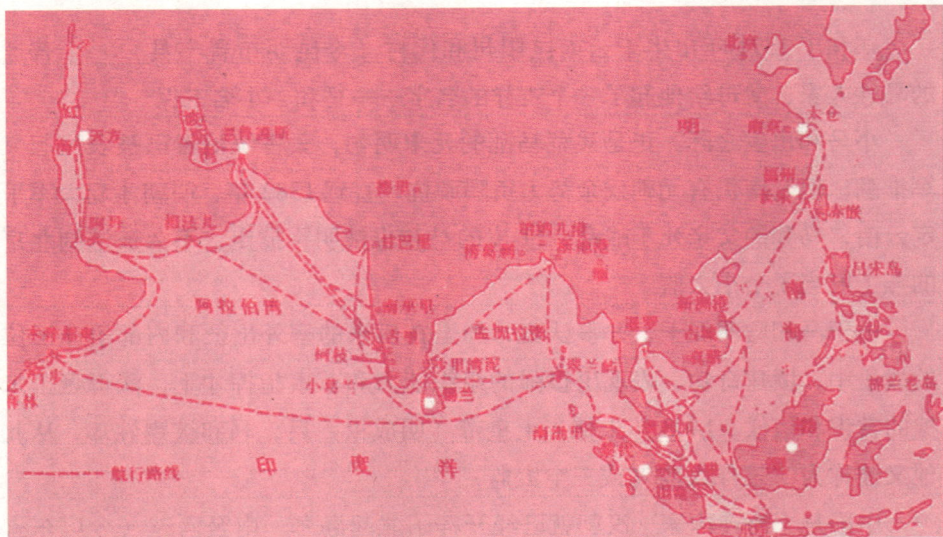

《郑和航海图》

　　为了保证航海安全，郑和船队里的船员大多是来自福建、浙江、广东沿海等地具有丰富航海经验的船民，有火长、水手、舵工、班碇手、铁锚匠、搭材匠、买办、书算手。他们掌握和利用潮势、季风、洋流等自然规律观测探路。观，就是把沿途所见的山、滩、礁、沙详细记录下来；测，就是用指南针定向导航，用"牵星术"定位测距，用铅锤测量海水深浅，用铁钩钩取海底泥沙并根据泥沙颗粒的粗细判断船只距离海岸的远近，用绳子拴上鸡毛做成的"鸡毛海洋计"放在海面测定海水的流速。他们将观测所得形象地标明在一张图上，这就是传至今日的《郑和航海图》。该图共20幅、40面，国外有些学者把它誉为"一幅真正的航海图"。

船队在南海扬帆南下，首先到达占城（今越南南部），接着又到爪哇、苏门答腊、满剌加（今马来半岛南端），沿着马六甲海峡北上进入印度洋，横跨孟加拉湾，绕过锡兰（今斯里兰卡）到印度半岛西南的古里（今科泽科德）。第一次航行花了两年时间，于1407年9月回国。

此后，从1405年到1433年将近30年的时间里，郑和率船队7次往返航行于太平洋和印度洋，航程10万余里，到过30多个国家。船队每次都是利用季风出航、回航，所以每次出航时间几乎都在冬天，利用冬季刮的偏北风；每次回航时间都在夏天，利用夏季刮的偏南风。

郑和最后一次下西洋是1432年1月至1433年7月，出航时他已59岁。

郑和下西洋船队

郑和的去世有两种说法，一种说法是，郑和第七次下西洋回国后不久去世，但也有人认为郑和并没有随船队回国，而是在1433年4月上旬病故于印度南部西海岸的古里。无论如何，郑和是一位伟大的航海家，他把自己的一生都献给了航海事业。

郑和七下西洋历时28年，留下了丰富的航海记录。一字展开式绘制的《郑和航海图》，以我国南京为起点，遍及今南海和印度洋沿岸诸国、诸地一直到非洲的肯尼亚，这是中国现存最早的、内容最丰富的航海图。郑和的随行人员马欢、费信和巩珍分别著有《瀛涯胜览》、《星槎胜览》和《西洋番国记》，记载了历经30多个国家的山川地理、风土人情等。

郑和七下西洋规模之大，人员之众，技术装备之精，历时之久，影响之深，在中外航海史上是空前的。直到15世纪初期，外界对非洲的认识仍然是一片空白。虽说古代腓尼基人曾在2 000多年前乘船绕行过非洲一周，但并没有给后人留下多少对非洲的认识。欧洲尽管和非洲相邻，可他们心目中的非洲也仅局限于北非一条狭长的海岸。而《星槎胜览》却对赤道南北的非洲东部海岸国家的气候、水土、生物、物产、民族、风俗等作了生动详尽的描述，从而大大丰富了人们的地理知识，扩展了人们的地理视野。直到现在，在郑和七下西洋到过的一些国家和地区，还流传着不少"三宝太监"的传说和故事，保存着以他的名字命名的城镇和名胜古迹。

郑和铜像

郑和下西洋是世界航海史上空前的壮举，据英国著名历史学家哈佛大学的李约瑟博士估计，当时中国明朝拥有的全部船舶，应不少于3 800艘，超过当时欧洲船只的总和。今天的西方学者以及专家们也承认，对于当时的世界各国来说，郑和所率领的舰队，从规模到实力，都是无可比拟的。英国前海军军官、海洋历史学家孟席斯出版了《1421年中国发现世界》，认为郑和船队先于哥伦布发现美洲大陆及澳洲等地。郑和的航行比哥伦布发现美洲大陆早87年，比达·伽马早92年，比麦哲伦早114年。在世界航海史上，郑和开辟了贯通太平洋西部与印度洋等大洋的直达航线。

知识点

牵星术

所谓牵星术，就是利用天上星宿的位置及其与海平面的角高度来确定航海中船舶所走位置及航行方向的方法，因此又称为天文航海术。牵星术的工具叫牵星板，用优质的乌木制成。一共12块正方形木板，最大的一块每边长约24厘米，以下每块递减2厘米，最小的一块每边长约2厘米。另有用象牙制成一小方块，四角缺刻，缺刻四边的长度分别是上面所举最小一块边长的1/4、1/2、3/4和1/8。比如用牵星板观测北极星，左手拿木板一端的中心，手臂伸直，眼看天空，木板的上边缘是北极星，下边缘是水平线，这样就可以测出所在地的北极星距水平的高度。高度高低不同可以用12块木板和象牙块四缺刻替换调整使用。求得北极星高度后，就可以计算出所在地的地理纬度。

延伸阅读

郑和下西洋的故事

郑和第三次远航正赶上了东北季风时节，船队顺风而行，不久就到达了苏门答剌（今印尼苏门答腊岛）。那时，苏门答剌刚刚经过一场大的事变，郑和的访问遇上了麻烦。原来，苏门答剌的西面有个那孤儿国。1408年（明永乐六年），那孤儿国和苏门答剌两国发生了战争，苏门答剌国王中箭身亡。苏门答剌王子年龄尚小，不能替父王报仇，而王后却复仇心切，她通告全国：谁能领兵打败那孤儿国，替先王报仇，我就嫁给他，并请他当国王。一个渔夫奋勇领兵打败了那孤儿国的军队，并杀了他们的国王。王后履行诺言，嫁给了渔夫，渔夫理所当然地当上了苏门答剌的国王。老国王的儿子长大以后很不甘心。他培植了一伙心腹勇士，找个机会杀死了渔夫，自己登上王位。

郑和到达苏门答剌后，向新国王赠送了许多礼品。渔夫有个儿子苏干剌，想替父亲报仇，发兵攻打苏门答剌，企图夺回王位。没想到反被新国王打败了。他只身逃到一个叫邻山的地方。他听说郑和赠送给苏门答剌新国王许多礼物，却没有送礼给自己，心中十分生气，就带领几万兵众，袭击郑和的船队。在苏门答剌的配合下，郑和指挥将士英勇还击，把苏干剌的兵众打得大败，在一个叫南渤利的地方，活捉了苏干剌和他的妻子、儿子。

"航海王子"的远航发现

亨利生于 1394 年，是葡萄牙国王裘安一世的第三个儿子。他自幼从出身于英格兰王族的母亲那里接受了宗教和一般教育，从父亲那里学习武艺和承继了中世纪的骑士精神。正因如此，亨利不安于宫廷生活，而是向往获得骑士的资格。后来在财政大臣的提议下，他力劝父王以海军突袭北非摩洛哥的休达港。在战斗准备阶段，亨利奉命负责造船和招募船员。葡萄牙人于 1415 年 8 月 15 日经过一天激战就占领了休达。亨利以在此次血腥战斗中建立的功劳而被封为骑士。

亨利在监造船只和参加战斗的过程中，接触到许多经验丰富的海员，了解了阿拉伯世界的情报，这逐渐增强了他向海洋进军的信心。他知道葡萄牙力量单薄，搞大部队远征是不可能的，于是就琢磨着要像攻占休达那样利用船队突击阿拉伯帝国防卫力量薄弱的边境，而这需要做航海调查。

不可否认，亨利想借助探险来了

"航海王子"亨利

解加纳利群岛远方的地理状况。更不可否认，葡萄牙和欧洲各国的经济发展要求一条获取黄金和东方物产的海上交通线。《马可·波罗游记》中所描述的东方世界在吸引着亨利。

为了加强自身力量，亨利从1418年起放弃了宫廷的安乐，到拉哥斯港附近的萨克列斯居住。他在那里学习数学、天文学和地理学知识，由托勒密的《地理学》导生的新观念支持他酝酿着前无古人的大计划。他在萨克列斯建立了观测所、造船所、防守工事和小镇，后来成立了"航海学校"。

亨利的第一个目标是让船员们驶往葡萄牙西南1 300千米的加纳利群岛，再越过该群岛南约240千米的波加多尔角，到更远的未知海域去探险。当时人们还没有越过波加多尔角后平安返回的记录，有的只是关于船开到那里就难以生还的可怕传说。说那里以南的海水是沸腾的，人到了那里就会变黑。船员们对亨利说："我们如何能越过祖先所设的警戒线？我们失去了灵魂和肉体，对于亲王殿下又有什么益处呢？"看来，他们即便是奉命出航，也不可能按亨利指定的路线走。但亨利决心把计划执行下去。

1418年，亨利派船沿非洲海岸南下，目标是越过波加多尔角到几内亚。但船启航不久遇到逆风，经数次斜向航行，竟意外发现了圣波尔多岛。他们回航向亨利汇报，说此地宜作殖民地。亨利很高兴，派殖民者前往圣波尔多。其中有一人带了怀孕的兔子到该岛，不久就繁殖出一大群兔子。后来，兔子多得把农作物全吃光了，他们只好放弃该岛而转移到距此20千米的马德拉岛。这里阳光和水源很充足，适宜种甘蔗和葡萄，不久之后，这里就因输出葡萄酒和糖而繁荣起来。1431年之后，亚速尔群岛的各岛屿被陆续发现，后来这些地方成为葡萄牙船只的最佳避风港。

1433年，亨利让吉尔·艾阿尼斯任"巴尔卡"号船的船长，给他的任务是沿非洲海岸一直前进。艾阿尼斯因恐惧心理只到了加纳利群岛就回来交差。亨利随后再次派这位船长去做一次新的尝试。艾阿尼斯抱着不完成任务不回来见亨利的决心，于1434年带队出航，这次出航极为顺利，船队成功地越过了波加多尔角。航行所见与过去传闻完全相反，海水并不沸腾，人也没有变黑。艾阿尼斯带回了在那里采集的圣母玛利亚玫瑰等几种植物，献给了亨利。

这一次航行，从地理学的角度看，并没有多大成就。但他突破了人们观念中的航海极限，探险英雄们以自己的实践粉碎了令人恐怖的鬼话，艾阿尼斯也因此被封为骑士。

后继者纷至沓来，并要求领到超过艾阿尼斯的任务。亨利的事业由此出现了转机。这时候，亨利的哥哥都尔特继承了王位，他决定，把马德拉岛出口贸易利润中王室税金的 1/5 交给亨利，以此来支持这位"航海王子"的事业。

栖息在冰上的海豹

1435 年，亨利又派巴达亚和艾阿尼斯各带一支探险队出航。在经过波加多尔角继续航行 320 千米后登陆，发现了人与骆驼的足迹。亨利命他们再次去此地时俘虏几个土著来，以便了解当地的情况。但这一次没有抓住人，却捕杀了大批海豹，带回了海豹皮。这是葡萄牙人航海探险第一次从非洲带回了有价值的"实惠"商品。

1441 年执行亨利新的出航计划的是安·龚沙维斯和努·特利斯坦，他们各带一队出发，龚沙维斯奉命返航时要载回海豹皮和海豹油。特利斯坦的任务是取得资料和抓几名非洲海岸的居民。后来，两船总计俘虏了 12 名土著，回到萨克列斯后，亨利奖励了立功者。

亨利航海发现取得的成就震惊了欧洲，亨利不仅为葡萄牙人所景仰，而且受到欧洲人的尊敬。欧洲人尊称他为航海家，葡萄牙人则亲昵地称呼他为"航海王子"。历史学家普遍认为，无论对葡萄牙还是对整个欧洲，他的一生及其事业的重要性是无法估量的。从他的航海时代起，每一个从事地理大发现的人，都是沿着他的足迹前进的。

知识点

骑士精神

在西欧，骑士精神最早的意思是指马术，后来演变为指上层社会的贵族文化精神，它是以个人身份的优越感为基础的道德与人格精神，但它也积淀着西欧民族远古尚武精神的某些积极因素。在西方的文化传统中，中世纪的骑士精神对现代欧洲的民族性格的塑造起着极其重大的作用。谦卑、荣誉、牺牲、英勇、怜悯、诚实、精神、公正是骑士精神秉承的八大美德。

延伸阅读

"航海王子"的荣耀

在葡萄牙，"航海王子"家喻户晓，葡萄牙人对他的爱戴与崇拜达到极致，以致把他的形象神圣化了。在大多数葡萄牙心目中，他是一个把一切个人情感和欲望置之度外，从不为琐碎之事占用宝贵时光而因此耽误航海事业。1460年亨利因病在他的航海基地萨格雷斯谢世，终年66岁。1960年，为纪念亨利逝世500周年，人们建造了一个航海纪念碑，纪念碑外形如同一艘展开巨帆的船只，碑上刻有亨利及其他80位水手的雕像，亨利傲立船头，其后为其助手加玛，两旁是一些随同出发的航海家，以及葡萄牙历史上有名的将军、传教士和科学家，碑前的地上刻有一幅世界地图，上面刻有发现新大陆的日期。在其碑顶，可以眺望附近的景色和海港风貌。如今这座纪念碑已成为葡萄牙国家的象征。

绕过"风暴角"

1481 年，葡萄牙国王去世，裘安继承王位，即为裘安二世。他下令重建阿尔京岛的堡垒，在加纳海岸的埃尔米纳设立要塞，使它成为航海探险的中继站。裘安继位第二年便派船队向南航行，命令船员们经非洲南端进入印度洋，前往东方的印度。船队年复一年不停地向南驶去。

1487 年，裘安二世组织了一支远征队，要去比迪约戈·坎奥到达的最远地点还要远的地方，在前几次航行中表现良好的巴尔托洛梅乌·迪亚斯被选为指挥官。同年 8 月，以巴尔托洛梅乌·迪亚斯为船长的"圣克里斯多万"号和以若奥·英凡特为船长的两艘卡拉维拉帆船驶出了防波堤。同行的有由迪亚斯的弟弟迪约戈·迪亚斯指挥的一艘运输食品的小船。舵手和水手们都是从最有经验的人中挑选的。他们沿着非洲西岸熟悉的道路航行，没有遇到任何困难顺利地到达了埃尔米纳，在那里补充了淡水和新鲜食品后，朝扎伊尔河口方向前进，接着继续往南，越过了塞拉·帕尔达。

从那里开始，所看到的一切都是陌生的，他们像以前的发现者们那样给各个地方命名、立碑。非洲沿海出现了非常多的欧洲地名，其中一些沿用至今。

1488 年初，他们继续航行，然而狂风顽固地阻止他们向前行驶，把他们的船只推向了北方，一连 5 天在一个小海湾里打转，未能前进一步。后来他们就命名这个小湾叫"打转湾"。一连 13 天没有看到陆地，水手们惴惴不安。本以为整个非洲炎热难忍，而眼下却寒风刺骨，风向不定。他们被冻僵了，却茫然无措。因为担心桅杆会折断，只好把船帆升一半。上午，只要太阳一出来，他们便伏在船舷上向地平线张望，试图找到一个岛屿或者一个绿点，哪怕是预示着附近有陆地的海鸟也好。但是，大海似乎没有边际。船长决定改变方向，他认为往东航行命运或许会好一些。但在东边什么也没有遇到，又改为向北航行。2 月 3 日，他们终于看到了陆地。

巴尔托洛梅乌·迪亚斯和他的伙伴们建立了一个了不起的功绩，但当时他们并不知道。他们毫无目的地航行了一小段距离，就从大西洋进入了印度洋，这是各个国王、亲王和水手们多少年的梦想。至于巴尔托洛梅乌·迪亚斯在什么时候意识到了他们是在陌生的海上航行，已无从知道。无论如何，他终于发现他们已到达非洲南端，此时航海家的兴奋、狂喜和自豪可想而知。他们从"那边"望见的第一块陆地被称为"圣布拉斯"，停船靠岸的地方稍往前一点叫"瓦盖罗斯湾"。在那里，葡萄牙人还看到了熟悉的家畜——牛。黑人牧民在放牧牛群。

他们高兴异常，离船登陆，补充淡水和食物，也想与那里的人接触。巴尔托洛梅乌·迪亚斯尝试着通过送礼品接触他们，但那些人扭头便逃，并且朝他们扔石头，因此无法相互理解。这样，他们在收集到所需要的一切之后又继续航行。他们还发现了塔里亚多角、牧人湾、累西腓角、罗卡湾和山奥岛。但是，船上的人们发生了争论。船长想继续向前，但其他人太疲倦了，要求返航。按照国王为处理困难局面立下的规矩，巴尔托洛梅乌·迪亚斯召集各船船长、官员和最重要的水手，要求他们表示态度。大家都赞成返回，于是他又摆出许多理由，在不能说服他们后就要他们把意见写出来。大多数人所作的唯一让步是再向前航行两三天。

卡拉维拉船继续航行，到了一个小岛，他们在那里竖起一个十字架石碑，以后还遇到了一条河，他们把这条河命名为"英凡特河"，因为它是若奥·英凡特那艘船上的水手们望见的。

后来就开始返航，一路上不断地给岸上的地方命名。非洲最南端被称作"针角"，这个名称沿用至今。

返航途中，正当他们望见一块海边巨石的时候，突然猛烈的风暴降临。云密雨暴，水冷风寒，电闪雷鸣，令人毛骨悚然。大海波涛汹涌，把船推到令人难以相信的高度，随后又把它们扔进深渊。

可怜的水手们吓得魂不附体，以为末日到了。巨石显得越来越大，是个实实在在的威胁。如果靠近它，船必将粉身碎骨，绝无生路。在受尽折磨之后，他们化险为夷，水手们筋疲力尽，又继续航行。这次遭遇的凶险刻骨铭心，终生难忘。据说，巴尔托洛梅乌·迪亚斯在讲述这段经历时，仿佛把那块巨石说成是引起风暴的罪魁，称它为"风暴角"。然而，那个石头"巨人"

的名声没有到此为止。卡蒙斯在《葡国魂》中把它描绘为一个粗鲁威猛、充满恶意、让人胆寒的巨人。

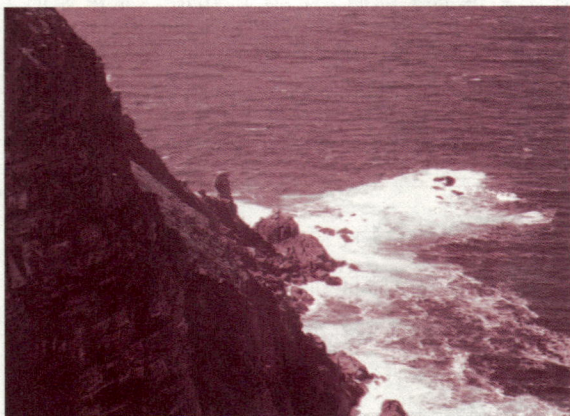

"好望角"

被巴尔托洛梅乌·迪亚斯留在小湾保护小船的水手们所受的折磨并不比一直航行到印度洋的水手们少。他们身处异地，受当地居民的敌视，不得不留在船上。食物愈来愈少，情绪愈来愈低落。5 个人在试图与该地居民做生意时死去了。其余的 4 人天天望着地平线，但船帆没有出现。困难、痛苦、孤独以及在海上死无葬身之地的感觉使他们的身体日益虚弱。当南风终于把他们的同胞们带来的时候，他们激动万分。此时，巴尔托洛梅乌·迪亚斯手下的人手已不够驾驶 3 艘船，于是他就命令把小船烧了，把船员分配到卡拉维拉船上。他们在小湾留下一个石碑，补充了航行所需的物品后顺风往北，一直到普林西比岛才停下来。在那里他遇到了另一位载入史册的航海家——杜亚特·帕切科·佩雷拉。杜亚特·帕切科·佩雷拉的使命是探察几内亚海岸的河流，但他的船被风吹偏了方向，来到了这个岛上。当时杜亚特·帕切科·佩雷拉病得很厉害，决定与巴尔托洛梅乌·迪亚斯一起返回。1488 年末，即出发 16 个月之后，迪亚斯他们进入特茹河防波堤，受到了凯旋式的欢迎。

迪亚斯向裘安二世作了汇报，说他到了一个很南的地方，叫"风暴角"，那儿风暴肆虐，浪涛齐天，是非洲的最南端。国王听了迪亚斯的汇报，非常兴奋，认为他的航行给开辟一条通往东方的航路带来了希望。只要绕过这个海角，就能前往东方的中国和印度，因此，国王就在迪亚斯绘制的地图上，把所标的"风暴角"划去，改为"好望角"。从此以后，人们一直把这个海角称为"好望角"。

知识点

地平线

地平线是将人们所能看到的方向分开为两个分类的线：一个与地面相交，另一个则不是。在很多地方，真地平线会被树木、建筑物、山脉等所掩盖，取而代之的是可见地平线。如果身处海中的船上，则可以轻易看到真地平线。人们与可见地平线的距离十分重要，当飞机在目视飞航规则下飞行时，驾驶员要利用飞机头与地平线的关系来进行空间定位。

延伸阅读

惊涛骇浪的"好望角"

"好望角"位于大西洋和印度洋的汇合处，在苏伊士运河通航前，来往于亚欧之间的船舶都要经过好望角。那里多风暴，强劲的西风急流掀起的惊涛骇浪常年不断，除风暴肆虐外，还常常有"杀人浪"出现。这种海浪前部犹如悬崖峭壁，后部则像缓缓的山坡，波高一般有15～20米，在冬季频繁出现，还不时加上极地风引起的旋转浪，当这两种海浪叠加在一起时，海面的状况就更加恶劣，而且这里还有一个很强的沿岸流，当恶浪与急流相遇时，整个海面如同开锅似的翻滚，航行到这里的船舶往往遭难，因此，这里成为世界上最危险的航海地段。

哥伦布发现美洲大陆

1451年哥伦布出生于意大利的热那亚，他自小十分崇拜曾在热那亚坐过牢的马可·波罗，他读过《马可·波罗游记》，十分向往印度和中国。当时，地圆说已经很盛行，哥伦布对此深信不疑。他向当时的航海大国葡萄牙国王请求资助，以实现他向西航行到达东方国家的计划，但遭到拒绝。

哥伦布于是来到西班牙，希望得到西班牙国王菲迪南德和王后伊丽贝拉的支持。1486年5月，国王和王后终于召见了他。由于他的忠厚、自信及丰富的地理知识，哥伦布给国王和王后留下了很好的印象。西班牙很想在开辟东印度群岛航路的竞争中击败葡萄牙，所以对哥伦布的计划很支持，并责成一个由学者和海员组成的委员会进行研究。遗憾的是委员会办事拖拉，到1488年还未做出任何决定，等得不耐烦的哥伦布又回到了葡萄牙，试图从国王约翰那里得到支持。可是，当时葡萄牙航海家迪亚斯绕过非洲南端的好望角后胜利归来。于是国王约翰认为，东行到达亚洲的航路已通，对哥伦布的计划没有兴趣。

哥伦布又向英国和法国国王提出了建议，但都失败了。毫无办法的他，只好等待西班牙的那个委员会的决定了。1491年新任命的委员会终于通过了哥伦布的东印度群岛探险计划。

哥伦布提出在试航成功后任命他为海洋将军和新领地的总督，并且要把将来全部殖民地收入的10%归他所有。这一要求遭到国王菲迪南德和王后伊丽贝拉的断然拒绝。幸亏一个替皇后管理个人财务的宠臣向王后说明这次探险的代价比获得的利益来说是微不足道的。1492年，伊丽贝拉说服国王，同意哥伦布所提各项要求，并斥巨资为哥伦布筹建船队。这一年的8月3日，由哥伦布指挥的3艘卡拉维尔船于巴罗士港顺风起航。

哥伦布的船队离开巴罗士港以后，先向南驶向加那利群岛，并在加那利群岛稍作休整，对那艘千疮

哥伦布

百孔的"平特"号作了一番修理，进行了补给。9月6日，船队起航西行，驶进了茫茫大海。

开始的几天，航行顺利。强劲的东北信风鼓起船上的风帆，船凭借风势在平静的海面上快速向前驶去。加那利群岛最西的费罗岛很快就消失在视线中。一直向西，船队驶进了连海图也没有标记的区域。9月16日，船的前方突然出现一片绿色的海区，平静的水面上漂荡着一丛丛绿色的水生植物，远看像一片草地，又像是长满水草的河流或湖泊。船上的水手们顿时兴奋起来，以为陆地不会太远了，有的甚至以为这是一条大河的河口，向往已久的陆地就在不远的前方。

船队驶近这片"草地"时，实际情况使他们大失所望，它根本不是什么陆地，而是一片布满马尾藻海草的海区。用测深的绳锤测量海深，几百米的长绳也无法触到海底。这片布满海草的海区位于北大西洋环流中心，风浪很小，水流缓慢，马尾藻覆盖了50万平方千米左右的海面，因而这一带被称作马尾藻海，或者简称藻海。

马尾藻海草

1492年10月11日，是哥伦布的船队出航以来最令人兴奋的一天。"圣玛利亚"号的水手在船舷旁看见了漂浮在水面上的绿色芦苇。陆地不远了！尽管海浪滔天，船队遇到了出海以来最大的海浪，船上的人们仍然非常兴奋，哥伦布也因此受到极大的鼓舞。时间到了10月12日凌晨两点。大多数船员都在船舱休息，只有一些舵手和水手在值班。这时，"平特"号上的瞭望员看见远处月光下有一线黑暗的陆地的影子。当曙光初露时，船上的人都清清楚楚地看见了那块陆地，船员们激动不已。1492年10月12日，哥伦布的船队登上了这块陆地。从巴罗士港出发算起，哥伦布率领船队已航行了71天。

这是个平坦的岛屿，岛中央有一个很大的湖泊，没有山；岛的周围布满了珊瑚礁。哥伦布把这个岛屿命名为"圣萨尔瓦多"，西班牙语的意思为"救世主"。它就是今位于西印度群岛最北部的巴哈马群岛无数岛屿中的一个小岛——华特林岛。

哥伦布在岛上见到了一些土著居民，他们头发很粗，身体健美。哥伦布以为已经到了亚洲，看到周围还有许多岛屿，于是就把这一带的岛屿取名"印度群岛"，把岛上的这些土著居民叫做"印第安人"。其实，这儿是大西洋的西部，远离印度，今属巴哈马群岛。他在岛上没有发现马可·波罗在《东方见闻录》中所描绘的宏大的宫殿，也没有找到出产黄金的地方。哥伦布决定不再久留，起程去寻找出产黄金的岛屿。

船队的3艘船在巴哈马群岛众多的岛屿、岩礁、珊瑚丛之间穿行，一心一意要找到马可·波罗在《东方见闻录》中描绘的出产黄金的日本。据说那儿黄金铺地，国王手中的黄金更是不计其数。哥伦布在航海日记中写道："朝南走，我将会找到有许多金子的王国。"

10月28日，船队到了古巴东北海岸，哥伦布只看见了一些简陋的村落和裸体的土著居民，根本没有什么"中国皇帝"和宫殿。哥伦布认为这是中国一个最贫穷的省，便掉转船头驶向东南。他认定富庶的地方应在中国的东南方。这时，"平特"号不见了。哥伦布只得率领着"圣玛利亚"号和"宁雅"号向东航行，到了一个当地居民称"海地"的岛屿。正在这时，旗舰"圣玛利亚"号被风浪吹撞搁浅，受到严重毁坏的"平特"号又无踪影。哥伦布不得不放弃船队继续南行的计划，将旗舰上的物品搬上船队中最小的"宁雅"号，在岛上安置了船上无法容纳的39名自愿留下的船员，然后率船踏上了归程。"宁雅"号离开海地的第二天，碰巧和失踪的"平特"号相遇，并一起驶入大洋。在大西洋上，他们顺利地航行了一个多月。后来遇到一次大风暴，"宁雅"号在狂风巨浪中东歪西斜，随时都有被大海吞没的危险。幸好，被强烈的风暴吹到了圣玛利亚岛。休整后，"宁雅"号继续东航。不久，海上又刮起了风暴，船被吹到了远离里斯本的葡萄牙海岸。哥伦布派一名急使前往西班牙，向国王和女王报告，并率船向西班牙的巴罗士港进发。

1493年3月16日，"宁雅"号在巴罗士港靠岸，"平特"号也在同一天到达。

哥伦布横渡大西洋胜利返航，轰动了整个西班牙，轰动了整个欧洲。人们从四面八方汇集到巴罗士港，迎接哥伦布的归来。人群的欢呼声、教堂的钟声响彻整个巴罗士港。哥伦布踏上海岸，缓步走向巴罗士山上的修道院，参加了庆贺大会，随后前往王宫，晋见国王和王后。在王宫，哥伦布讲述了远航的经历，说他到达了"印度群岛"，还到了"日本"，见到了许多黄金，那里有很多金矿，只要派人去开采，就可以把黄金源源不断地运回欧洲。哥伦布提出再一次远航的要求，国王和王后欣然同意，一次新的、规模更大的远航开始了。

第二次远航的准备工作，比第一次要顺利得多。哥伦布冒险成功归来，使人们在钦佩和羡慕的同时，千方百计地希望能参加他的第二次远航，哥伦布很快组成了一支规模庞大的远航队。这支远航队共有 17 艘装备齐全的大帆船，载员近 2 000 人，还装载了大批马、牛、猪等牲畜及粮食。

1493 年 9 月 25 日，船队在哥伦布的率领下浩浩荡荡驶离加的斯港，驶向他心目中一直念念不忘的亚洲大陆。实际上，哥伦布第一次远航到达的并不是亚洲，而是美洲的东面。

船队按第一次远航的路线，先向南，然后向西横渡大西洋。他没有忘记在海地岛时一个老人对他的指点：海地南面有一个出产很多黄金的岛屿。他率船队比上次向南航行了 1 000 多千米后，才掉转船头向西航行，朝着他心目中的"黄金岛屿"驶去。

出乎意料，船队没有遇上第一次远航时遇到的艰难曲折，只花了 20 天就抵达了大西洋那边的海岸。当时，哥伦布并不知道这是东北信风和北赤道海流帮的忙，船队顺风顺流，大大加快了航行速度。这条无意中找到的航道，是一条横渡大西洋的捷径，成了帆船时代的"黄金航线"。11 月 3 日，船队到达一座美丽的岛屿，只见岛上绿树成荫。这天刚好是星期日，哥伦布就给这个岛屿取名"多米尼加"，西班牙语的意思即为"星期日"。这是一个荒凉的小岛，没有黄金。哥伦布失望地带着船队离开那儿，在背风群岛一带航行，先后在瓜德罗普、维尔京、波多黎各等岛屿登岸，仍一无所获，便决定向海地岛驶去。

来到离别一年多的海地岛，哥伦布命船队沿海岸缓缓航行，寻找当时用"圣玛利亚"号船壳筑起来的纳维达德堡垒。到达堡垒应在的地方，已是黑夜。哥伦布在海地岛的北部沿岸重新建立了一个据点，取名"伊萨伯拉"，派遣一部分人去内地寻找黄金。当时，一种危险的传染病——黄热病在船员中间流行，加上气候炎热，带来的食品开始腐烂变质，饥饿开始威胁这支人数太多的船队。于是哥伦布决定留下5艘船和500多人，其他的人员和船只全部返回西班牙。他让回国的人带了一封信给国王和王后。信上说，他已找到了黄金产地，还发现了获取各种各样香料的线索，请求派船装运牲畜、食品和工具来，以便大规模开采黄金。

大批人员回国后，哥伦布为了继续寻找他心目中的中国和印度，他让一部分人留守伊萨伯拉，由他弟弟负责，自己率领3艘船向西航行。他再次来到古巴，仍然没有找到黄金产地和繁华都市。尽管他坚持认为这是中国的一部分，但与他在马可·波罗的《东方见闻录》中读到的中国相差实在太远了。不过，他觉得古巴这个地方很大，上次来的时候，还有很多地方没去过，这次要仔细地探测一下。

哥伦布率船沿古巴的南岸缓缓行驶。一天，在船的南边隐约地显现出陆地的影子，船上的印第安向导告诉他，那是个叫牙买加的大岛。哥伦布听后，马上想到了流传中的黄金海岸巴比牙，心中涌起一阵欣喜，便命令船队全速向南航行。不久，他们临近了这个叫牙买加的大岛。这个岛屿郁郁葱葱，在蓝天碧海的映衬下，显得十分美丽。它的周围散布着许多小岛。哥伦布登上这个大岛寻找黄金，结果大失所望。哥伦布只得返回船上，船队继续在加勒比海航行。3艘船沿着古巴南面的海岸向西行驶，一路上发现许多大大小小的岛屿。哥伦布看见这众多的岛屿，不禁想起马可·波罗曾经讲过的在中国大陆南面的海洋里，有许多大小不一的岛屿。这儿会不会是中国大陆南面的海洋呢？印第安向导告诉他，在古巴的最西头有个叫马岗的地方，那儿非常富足。哥伦布听了很兴奋，误以为印第安人发音不准，把"蒙古"读成了"马岗"。于是，他马上向船上的水手们宣布了这个消息，要船队全速向马岗驶去。水手们谁不愿意快点航行到"蒙古"去？大家兴高采烈，按照哥伦布的命令，全力向西航行。

几天后，船队发现有一处海岸出现了几个人影。从船上望去，这几个人影身穿长袍，驶近细看，发现这几个人的皮肤较为白皙。这使哥伦布和船上的人们更加相信，这儿是东方。正当哥伦布及船员们驾船向"蒙古"航行的时候，三艘船突然都漏水了。哥伦布不得已，只得下令船队返航海地岛。之后返回西班牙，结束了他第二次横渡大西洋的远航。

哥伦布回到西班牙，对国王和王后说，他已经到达了亚洲大陆，很快能进入中国和印度，而且肯定能带回很多的黄金和香料。

国王和王后觉得哥伦布能为他们带来更多的财富，同意为哥伦布装备第三次远航的船队。

哥伦布争取到了第三次远航的权利，可是究竟能不能航行到印度和中国，他心里实在没底。前两次虽然都到了大洋彼岸的陆地，但那陆地并不是中国皇帝统治下的富庶土地，也没有发现数量可观的黄金。他不明白，为什么他所到达的"印度"和马可·波罗所说的印度竟如此不同。黄金、宝石和香料的产地在哪里？他去请教当时一个有学问的珠宝商。珠宝商告诉他，宝石、黄金、香料和药材……是从那些居住着黑色和棕色居民的南方国家运来的。只要见到这样的居民以后才能找到这些东西。哥伦布觉得这个珠宝商讲得有道理，决定对第三次远航的航线进行新的计划：靠近赤道航行，以便到大西洋彼岸寻找那个居住着黑色或棕色居民的国家。

1498 年 5 月 30 日，哥伦布率船队从西班牙出发，开始了第三次横渡大西洋的远航。这支船队的规模比第二次远航时小，只有 6 艘船、300 多名船员。驶离西班牙后，哥伦布命令 3 艘船直驶海地岛，自己率领另外 3 艘船到加那利群岛后，径直向西南方向航行。在这条新的航路上，并没有遇到前所未有的艰险，经过约两个月的航行，他们到达了南美大陆委内瑞拉东北的特立尼达岛，在那里发现了流贯委内瑞拉的大河——奥里诺科河。哥伦布根据这条大河的水量之大，以及河流注入的巴利亚海湾都是淡水这一事实，推断出存在着一个非常宽广的陆地。他的推断是科学的，结论也无疑是正确的。这使这次远航在地理发现上的意义非常突出。

哥伦布率船沿委内瑞拉北岸向西航行，来到印第安人采珍珠的一群岛屿。水手们用船上的一些零碎物品与岛上居民交换珍珠。哥伦布见到了美洲大陆，并沿着美洲海岸航行了好几天。他知道这是一片很大很大的大陆，但由于船上携带的食品快腐烂变质了，他只得率队返回海地岛。

正在这个时候，传来了达·伽马率葡萄牙船只绕过非洲南端好望角到达印度的消息。从印度回来的达·伽马带回了大批黄金、宝石和香料。他的所见所闻，与马可·波罗在《东方见闻录》一书中关于印度的记叙一模一样，街市繁华，建筑高大，庄稼茂盛，奇珍异宝充斥着市场。人们深信达·伽马真的到达了印度。对照从海地回来的人所说的"印度群岛"上的情况，人们纷纷怀疑哥伦布是个骗子。于是，国王和王后取消了哥伦布的一切特权，委派新的代理人前往海地岛。

1500年10月，哥伦布戴着镣铐被押回西班牙。曾被西班牙国王和王后封为"海军上将"的哥伦布，在结束第三次远航的时候，变成了国王和王后的囚徒。不久之后，哥伦布恢复了自由。1502年初，他又一次请求国王让他去探险，这一次历时两年多的航海探险，也是无功而返。

1506年5月20日，哥伦布与世长辞。直到死他还一直认为自己到过的地方就是亚洲。后来另一位探险家、意大利人亚美利加证实了哥伦布所到过的地方不是亚洲，而是一块新大陆。这块大陆也因此以亚美利加的名字命名，称为亚美利加洲，简称美洲。哥伦布最初发现的那个群岛，被称为西印度群岛，用来区分东方的印度。

哥伦布的远航是大航海时代的开端。新航路的开辟，改变了世界历史的进程。它使海外贸易的路线由地中海转移到大西洋沿岸。

知识点

信 风

信风又叫贸易风，是指低层大气中南、北半球副热带高压近赤道一侧的偏东风。北半球盛行东北风，南半球盛行东南风。

　　信风的形成与地球三圈环流有关，太阳长期照射下，赤道受热最多，赤道近地面空气受热上升，在近地面形成赤道低气压带，在高空形成相对高气压，高空高气压向南北两方高空低气压方向移动，由于受到地转偏向力的影响，在南北纬30°附近偏转成与等压线平行，大气在此处堆积，被迫下沉，在近地面形成副热带高气压带。此时，赤道低气压带与副热带高气压带之间产生气压差，气流从"副热带高气压带"流向"赤低"。在地转偏向力影响下，北半球副热带高压中的空气向南运行时，空气运行偏向于气压梯度力的右方，形成东北信风。南半球反之形成东南信风。

延伸阅读

哥伦布的身后旅行

　　1506年5月20日，航海家哥伦布在西班牙巴利亚多利德市默默地离开了人世，并在当地下葬。临终前，哥伦布表示希望被安葬在他发现的新大陆。

　　也许，就是因为这个愿望，生命中充满旅行的哥伦布在去世三年后，开始了死后的旅行。1509年，也就是他去世后的第三年，西班牙政府将他的遗骨从巴利亚多利德市的一个修道院迁到塞维利亚市的一个修道院。1526年，哥伦布的长子迪亚哥去世，被安葬在他的遗体旁。11年后，也就是1537年，哥伦布的遗骨开始了第一次横渡大西洋的旅程。原因是迪亚哥的遗孀玛丽亚决定将丈夫和哥伦布的遗骨迁到位于中美洲的西班牙殖民地多米尼加。1795年，多米尼加被法国人占领，西班牙人因为不能容忍哥伦布的遗骨落在外国人手中，遂又将哥伦布的遗骨迁到了古巴的哈瓦那。谁曾想，100年后，西班牙和美国爆发战争，哥伦布的安宁再次被打破。1898年，西班牙战败，古巴被划给美国。无奈之下，西班牙人再次将哥伦布的遗骨穿越大西洋运回西班牙的塞维利亚大教堂。自此，哥伦布的遗骨停止了身不由己的航程。

发现"大南海"太平洋

哥伦布几次横渡大西洋，无意中发现了美洲大陆，开辟了横渡大西洋的新航路。他的航行揭开了地理大发现的序幕，但他的最终目的没有达到，他没有在美洲大陆找到能沟通海洋的海峡，从而没能找到通往亚洲的航路，没有到达亚洲的中国和印度。

辽阔大西洋

在美洲大陆的另一边真有一片蔚蓝色的海洋吗？

1510年，西班牙人巴尔波亚前往巴拿马东海岸的一个西班牙殖民地任总督。一次，巴尔波亚和随从去拜访一个印第安人部族。部族首领很热情地接待了他们，慷慨地赠给他们许多黄金制品，并告诉他们，在南方有一个黄金多得取不尽的地方。巴尔波亚兴奋极了，急匆匆地赶回营地，立即组织起一支探险队，并请印第安人担任向导。

1513年，巴尔波亚带领探险队乘船离开营地，沿着大西洋海岸向北行驶，沿途风平浪静。行驶了大约150千米，海岸线仍一直向前延伸，看不见有伸向陆地深处的大河。于是，巴尔波亚决定离船登陆，步行穿越陆地，看一看陆地的那一边是不是有一片海洋。船向岸边靠去，远远望见一条与海岸线并行的山脉，上面是郁郁葱葱的森林。要穿越陆地，就得从森林密布的山脉上翻越过去。

船靠岸以后，除留下守船的很少几个船员外，其余的人都随巴尔波亚上岸去寻找山那一边的"大南海"。他们带上干粮和淡水，每人还带了一把斧子。

　　巴尔波亚及船员们在印第安向导的带领下沿着山坡向上爬去，不久便进入了原始森林。森林里根本没有路，他们用斧子砍断纵横交叉的树枝和藤蔓，摸索着前进。他们爬上一座山峰，望见前面又是一座山峰连着一座山峰。他们从峰顶翻到谷底，一条河面宽阔、水流湍急的大河横在面前。越过大河，又进入了原始森林。森林顶部茂密的树叶，结成了如盖的天幕，人在其中，看到的是乌蒙蒙的一片。地上满是落叶，腐叶散发出的气味四处弥漫。

　　终于到了山顶。向导告诉巴尔波亚，前面那座山峰是最高的一座。巴尔波亚决定登上山峰看一看那边的景象。稍事休息以后，巴尔波亚带着探险队向山下走去。下到山脚，横在他们面前的是一片沼泽地。人们互相扶持着越过这片沼泽时，已经筋疲力尽，纷纷躺倒在地，喘着粗气。他们再也不愿往前走了。就这样毫无成果地回去？巴尔波亚不甘心，决定登上眼前那座山峰的山顶，向新大陆的那一边看一眼再回去！他让队员们就地休息，自己一个人向山顶爬去。到了山顶，展现在他眼前的是一片辽阔无际的蔚蓝色大海。他惊喜万分，跪倒在地上，伸开双臂欢呼："啊！这是一个多大的大南海！"他成了第一个见到新大陆彼岸大海的欧洲人。

浩瀚的太平洋

巴尔波亚率队横穿巴拿马狭窄的地峡，来到美洲大陆的西岸，见到了汪洋一片的"大南海"（即太平洋）。这一消息迅速传到了欧洲。欧洲人无不感到惊讶：哥伦布所到达的大陆和亚洲之间，还有这么一个"大南海"！人们也由此相信：只要越过美洲，横渡"大南海"，便能到达富饶的东方。

知识点

地　峡

地峡是连接两块较大陆地或较大陆地与半岛间的狭窄地带。连接陆地的地峡如连接亚、非两洲的苏伊士地峡；连接南、北美洲的中美地峡；连接大陆与半岛间的地峡如连接中南半岛与马来半岛的克拉地峡；连接乌克兰与克里米亚半岛间的彼列科普地峡。地峡便于开凿运河以沟通两侧海洋，如已经建成的苏伊士运河与巴拿马运河等。苏伊士运河穿过苏伊士地峡，沟通地中海和红海、印度洋。巴拿马运河通过中美地峡，联系大西洋和太平洋。

延伸阅读

太平洋

太平洋是位于亚洲、大洋洲、美洲和南极洲之间的世界上最大、最深和岛屿最多的大洋。包括属海的面积约为18 134.4万平方千米，不包括属海的面积约为16 624.1万平方千米，约占地球总面积的1/3。不包括属海的平均深度约为4 187.8米。最大深度位于马里亚纳海沟内，深达11 033米，是目前已知世界海洋的最深点。太平洋有许多属海，我国及东南亚的许多河流均注入其中，资源丰富，此外，太平洋岛屿众多，约有1万多个岛屿。

达·伽马开辟新航路

在哥伦布"发现"新大陆几年之后，葡萄牙人找到了真正的通往印度的道路。这个发现要归功于瓦斯科·达·伽马。

达·伽马发现通往印度之路的功绩，虽然无法与哥伦布"发现"美洲大陆相提并论，但在那个时代看来，发现通向印度的海上航线却更有实际意义：它使马可·波罗所描述的那个富裕的东方世界伸手可及，在殖民主义者眼里，"发现"东方就意味着发现财富。

印度是一个历史悠久的东方文明古国。它位于亚洲南部，是一个大半岛，西濒阿拉伯海，东临孟加拉湾，南端伸入印度洋，地理位置十分重要。在那里，资源富饶，物产丰富，尤以盛产香料著称，被西方人称为"香料之国"。在那里，经济也十分繁荣，海边沿岸港口一带都是货栈。世界著名的中国丝绸、工艺品和印度棉纺织品在那里堆积如山。

把印度货物运到欧洲，要经历长距离的艰难旅程。阿拉伯人在印度的加尔各答、科琴和坎纳努尔购买货物后，用阿拉伯制造的索具装备简陋的单桅帆船运至阿拉伯的吉达。从那里再用驼队将货物运到埃及的开罗，然后沿尼罗河用驳船转运。意大利人在亚历山大港贩卖这种货物，并用威尼斯和热那亚的大船经由地中海运往欧洲销售。

葡萄牙决心要从意大利人和阿拉伯人手中夺取贩卖印度货物的贸易。为

达·伽马

阿拉伯人

了达到这个目的，就必须发现一条通往印度的新航路。到亨利王子之后，葡萄牙若奥二世国王派出了另一支探险队，这支探险队在迪亚士率领下于1488年发现了好望角，开辟了非洲南部的航线，从而使大西洋到印度洋的航行距离大大缩短了。瓦斯科·达·伽马就是利用了这个伟大的发现。

1495年，葡萄牙国王卡斯里维决定再派遣探险队寻找通往印度的航路，这就产生了选择探险队长的问题。瓦斯科·达·伽马的勇敢、领导能力和航海技能都表明他是适合的人选。

达·伽马受命为船队总指挥之后，就开始筹备出航事宜。他搜集意大利人和阿拉伯人的老地图，并绘制新地图。仔细地准备航海用的工具，达·伽马特别注意罗盘，这是葡萄牙航海家的共同特点和秘密。

为这次航行建造了两艘大船——"圣哈布莱尔"号和"圣拉菲尔"号。此外参加航行的还有两艘吨位较小的旧船——轻快帆船"圣密圭尔"号和指定专供储藏食物之用的货船。

达·伽马选定"圣哈布莱尔"号为旗舰，由经验丰富的船员沙鲁·阿瓦利什指挥。指定他的兄弟保罗·达·伽马为"圣拉菲尔"号船长。"圣密圭尔"号的船长是尼科莱·凯尔奥。贡沙洛·隆耶什指挥货船。船队在航行中的主要领航人是彼鲁·达伦克尔。大约170人参加了这次远航探险。探险队携带了许多货物，如呢绒、玻璃项珠、镜子、刀子、剪子等以供交换之用。实际上这些货物只能与非洲各民族进行交换，对于富庶的印度则不大合适。

船上已经准备足够的淡水，筹备工作全部完成了。1497 年 6 月 8 日，船队总指挥达·伽马命令起锚。锦帆一张，船队成纵队朝着河口前进。获得世界荣誉的航程就此开始了。

船队总指挥达·伽马站在旗舰的船尾。他中等身材，精力旺盛，脸和颈部都呈紫红色，黑而多的大胡子，细微的皱纹围绕着那双锐利的眼睛。他是一个不屈不挠、经验丰富的航海家。

船队朝着佛得角群岛航行。8 月 3 日，船队从佛得角向迪亚士管辖的几内亚海岸和圣若瑟要塞航行，越过要塞，就沿非洲海岸向南行驶。不久，船队遇到强烈的逆风，帆船开始与风暴进行搏斗。但他们无法战胜那昼夜不息的风暴。于是，大概在北纬 10°，达·伽马朝东南急转，驶往不可知的大洋。这就导致完成了一个新的发现——找到了从欧洲到非洲大陆南端最方便的航路。直到现在帆船还是利用这条航线，因为这里总是刮顺风，经过这里的洋流有利于船只南行。

但这条航路令人感到困倦，而且距离也很长。达·伽马继续航行了 93 天。据他估计，他的船队已离开非洲海岸 800 海里。

在整个航行期间没有遇到一个岛屿，无法补充新鲜食物，特别是淡水。船员们喝的是臭水，吃的是咸牛肉。最后船队越过了赤道，到了南回归线之外，就再转向东方航行。经过漫长、枯燥乏味而又单调的日子，这支船队在 10 月 27 日看见了一群鲸，许多海豚出现在船的附近。清澈海水中的绿色海藻和天空的海鸟都表明，离陆地不远了。果然，11 月 1 日，地平线上出现了陆地。沿海岸向南航行 3 昼夜，终于找到了一个广阔的海湾，驶入湾内，下锚停泊。达·伽马称此地为圣赫勒那湾。次日即开始修理船只，整顿帆樯。这时去寻找淡水的一群葡萄牙人，在离海岸不远处发现了一条河，河边有两个携带长矛和弓箭等武器的身材矮小的布西门人，他们皮肤的颜色像干枯的树叶，身上穿的是用一块块树皮缀成的。葡萄牙人捉了其中一人带到船上，给他食物、玻璃项珠和小钟，然后释放。因为估计到受了款待的土著人将带引其他同伴前来。果然，次日来了 15 个布西门人。但他们既不知道香料，也不知道宝石，更不懂得这些东西的价值。过了两天，船队于 11 月 14 日继续航行。

达·伽马深信船队正在离好望角不远的地方，但究竟在什么地方，他也不知道，因此他决定朝南—东南航行。过了两天，从船的左边看到了陆地，出现了一个海角的轮廓，于是他们就朝那里驶去。严酷的考验正等待着他们。不间断的暴风吹乱了船队，乌云就在樯桅上面飞驰，白天几乎像夜间一样黑暗。濛濛的细雨使人觉得寒冷。船舱已经进水，要不断地向外抽水。幸运的是，船队终于绕过了好望角，瓦斯科·达·伽马成功地经受了这场艰难的考验。

船队绕过位于非洲西南端的佛尔斯湾，终于进入了印度洋。他们几乎一直在岸边航行，时而经过极高的山峰，时而经过河口和深入大陆的海湾。3 天后，船队进入圣布拉什湾（今名莫瑟尔湾）。4 艘船先后驶进海湾，下锚停泊。葡萄牙人在岸上发现了几十个土著居民。后者和蔼地接待了这些旅客。葡萄牙人在检查船只之后，发现货船经过多次风暴袭击，已不宜继续航行，必须将粮食分装在其余 3 艘船上，并将货船焚烧。

在圣布拉什湾停留了 4 天。船队沿海岸向北航行，天气逐渐暖和起来，但仍变幻无常，经常遭到暴风雨的袭击。

12 月 16 日，经过迪亚士新建立的最后一个石碑，进入欧洲人还不熟悉的海洋，在这里遇到由东方来的阿古拉斯洋流。船队冲破洋流继续前进。至 1497 年圣诞节，到达了海岸，他们称这个地方为纳塔尔（葡萄牙语为“圣诞节”的意思）。停泊 5 天后，达·伽马率领船队又继续航行。虽然是顺风，但也不能使他们迅速前进。因为迎面翻滚而来的洋流强劲地阻碍着船队的航行。后来驶过了一个海角，这个海角就被称为科伦特什角（洋流角）。

1498 年 1 月 25 日，在基利马内河口找到了适当的停泊处，船队在这里停泊了一个多月修理船只。达·伽马根据当地的情况断定，这里已经受到某种文化的影响，如果不是印度，就是离印度不远的阿拉伯地区。所以他就称基利马内河为“邦什西格纳列什河”（吉兆河）。葡萄牙人在岸上竖立了石碑。船只修理完毕，人们稍事休息恢复了体力，并准备好了新鲜食物后，就又继续航行。

他们航行了300多海里才通过莫桑比克海峡。这个海峡介于非洲大陆东南部海岸和马达加斯加岛之间。他们很小心，只在白天航行，晚上停泊，害怕触到这一海域分布很广的不知名礁岛。3月2日，船队到达位于海峡北口的海岛。船慢慢地驶入海港，停泊在离岸不远的地方，这是阿拉伯人的城市莫桑比克。从岸边来的小船围绕着葡萄牙人的船，阿拉伯人推测，海港内来了伊斯兰教的船只。但达·伽马认为阿拉伯人是比暴风、浓雾和飓风更加危险的敌人。

阿拉伯人渐渐地知道了对方不是伊斯兰教徒，不久，城市居民与上岸取淡水、办食物的水手之间发生了公开的冲突。

船队火速起锚入海，但因为几乎完全无风，两昼夜只前进了20海里。由于始终无风，而逆流反使船队向莫桑比克城方向后退。3月27日，船队得以重新出海。在热带海上航行了很长时间，直到4月7日，这群精疲力竭的航海家，才到达多岩石的半岛蒙巴萨。备尝艰苦的达·伽马不敢进入港口，船队在公海的停泊处下锚。

达·伽马对蒙巴萨酋长的友好姿态保持着警惕。当全体船员接受邀请决定驾船进港时，发生了战斗。达·伽马下令船队准备战斗。夜晚，船只周围有了水声，这是阿拉伯人企图割断锚索。一部分人爬上甲板开始劈毁尾桅缆索。警报发出之后，阿拉伯人退却了，隐蔽在夜间的黑暗中。必须离开此地，但因为等候顺风，到了4月14日，风向出现了有利于扬帆的变化，终于离开了这个不欢迎他们的港口。

船队不久就到了位于大陆的美丽城市马林迪，这个城市有平顶的石头建筑物。在得到阿拉伯优秀的领航员艾哈迈德·伊本·马德瑞德后，4月24日，顺风鼓足了葡萄牙人船队上绣有巨大红十字的船帆，船队就开始向大洋东北方航行。

经过5昼夜的航行，所能看到的已经不是南十字星座，而是北方的大小熊星座。到了第23天，看到在海上飞翔的海鸥，表明他们离期望的海岸已经很近了。5月18日，远远出现了海岸的模糊轮廓，但为烟雾所笼罩。破旧的葡萄牙船靠海岸航行，而艾哈迈德·伊本·马德瑞德转舵向南。这是印度半岛的覆盖繁茂热带植物的马勒巴海岸。椰子树梢到处高耸入云，有些地方山脉伸向海岸。5月20日，伊本·马德瑞德告诉达·伽马说："这里就是卡利克特！这里就是你所希望到达的国家！"

十多个月的艰苦航程至此告一段落，葡萄牙人的梦想已经成为现实了。通往印度的航路终于找到了，并且把它绘在地图上。

当达·伽马的船队在港湾里停泊时，一些小船就载着印度人向他们驶来。达·伽马决定派遣蒙赛迪、翻译费尔南多·马丁斯和另一名葡萄牙人到那里去见王公沙摩连。王公很客气地接待这些使节，还赠送他们许多印度的贵重织物。

达·伽马一开始就犯了一个严重的错误，他自称是葡萄牙国王的钦差，在对待具有与葡萄牙人相等文化的人民时，把自己的身份抬到高不可攀的地位。于是，王公派他的大臣前来，准备接见"玛努埃拉国王陛下的钦差"。与使者同来的还有200人的仪仗队。他们护送达·伽马去竭见印度王公。达·伽马带了13名随从人员前往。

王公询问达·伽马来到印度的目的。瓦斯科·达·伽马答道："葡萄牙国王听到有关印度，特别是关于卡利克特帝国很多事情……他很高兴，极愿与这位声名远扬的君主建立友谊……"他约定次日递交国王书信。

次日，达·伽马赠送王公的礼品（价值不大的条纹布、红色的帽子、糖等等）未被接受，并且，一整天王公都没有接见达·伽马。直到第三天王公才再次接见达·伽马。

王公这次接待葡萄牙钦差大臣态度冷淡。原来阿拉伯商人仇视葡萄牙人的侵入，他们把葡萄牙人说成是一群海盗。印度统治者被说动了，他们也仇视葡萄牙人。

王公索取葡萄牙国王的书信和葡萄牙人带来的货物清单。达·伽马把一封没有明确收信人和具体内容的阿拉伯文、葡萄牙文的信件交给王公后，会见就告结束。

达·伽马回去的时候主张葡萄牙人都上船去，但伴送他们的印度官员借口天气太坏而不赞成。并且到第二天早晨还不把小船送还葡萄牙人，而建议把大船更靠近岸边。达·伽马识破了印度人的这种阴谋，拒绝接受这样的要求。于是，达·伽马等人的住处立刻被印度士兵包围了。葡萄牙人被严密地看管起来。不久又出现了新的险情。居住在卡利克特的阿位伯人包围了葡萄牙人的住所，扬言要杀尽葡萄牙人。

几天过去了。6月2日，王公的官吏才来找达·伽马，提出把船上货物都卸到岸上，船员一齐登陆。达·伽马不得不下令卸下一部分货物。最后葡萄牙人还用铜、水银、琥珀和珊瑚作为交换品购买了一些香料。这样费了整整两个月时间。达·伽马认为现在已经到了该回国的时候了，于是决定返航。但王公要求葡萄牙人向他交纳高额的贸易税。

次日，8月19日，达·伽马扣留了10多个来到葡萄牙船上的印度人。其中6人是重要官员。船队驶离海岸很远。达·伽马恐吓王公，如果不释放在岸上的狄奥哥·迪亚士，他们就把扣留的人质带走。而且，他自己将马上转回卡利克特来替迪亚士报仇。

王公知道达·伽马扣留了人质，就接待狄奥哥·迪亚士，并把致葡萄牙国王的书信交给他。信上说卡列克特盛产宝石和香料，王公请求运送金、银、珊瑚和鲜红的布帛前来交换。

狄奥哥·迪亚士被释放了，达·伽马也释放了对方人质。次日，葡萄牙船队召开全体军官会议。这时主要任务已经完成——找到了通往印度的航路，于是决定立即回国，船队起锚西航。印度船队企图追赶葡萄牙船队，但一经开炮轰击就被驱散了。船队终于朝向葡萄牙方向航行。

在回国途中，从1498年10月2日至1499年1月2日，在这整整3个月中，大海时而掀起恶浪，时而风平浪静，这都不利于航行。新鲜食物已经吃完，淡水也已发臭，再加船上又发生了坏血病，病死而葬身大海的有30人，未死的大多数也病倒了。每艘船上真正能够操作的水手不过七八个。

1月2日，船队才到了非洲海岸一个不知名的城市。达·伽马不敢进港，船队继续南下。在南下行进中，暴风严重地损坏了"圣拉菲尔"号。1月7日船队才到达马林迪，在熟悉的港湾下锚停泊。马林迪酋长像上次一样亲热地接待葡萄牙人，供给船队新鲜的肉类、水果、蔬菜和其他食物。但气候对病人有很大影响，他们不能享受这些东西，很多人在这里病死了。

1月11日船队继续航行，两天之后在蒙巴萨附近的一个沙洲旁下锚。"圣拉菲尔"号被损坏得不能再行驶了，不得不被焚毁。此后到好望角为止，经过的都是熟悉的海岸，一路平安无事。绕过好望角时天气也很好。

船队绕过好望角后就转舵向北，直接向葡萄牙海岸航行。航行中遇到了风暴，波涛汹涌的海浪把船只分散了，"圣密圭尔"号船长凯尔奥独自继续前进，于1499年7月10日在德古斯河口靠近里斯本的地方下了锚。

这时，达·伽马的兄弟保罗正患重病，不能起床，达·伽马忧心如焚。他把旗舰的指挥权交与朱安·达·萨，自己租了一只轻快帆船，把保罗载在快船上，想尽快赶回葡萄牙。但他的希望没有能够实现，他兄弟的病情日益严重，只好在位于亚速尔群岛中的一个名叫特尔萨拉岛上的安格拉港上岸。保罗被抬到岸上时已奄奄一息，第二天就去世了。

达·伽马把兄弟安葬后就启航回到葡萄牙。此时"圣哈布莱尔"号早已停泊在这里了。最后，达·伽马在德古斯河口下锚，船停泊在葡萄牙首都里斯本城附近。

葡萄牙国王热烈地欢迎瓦斯科·达·伽马，因为他率领一个小小的船队，在26个月里沿着未曾经历过的航路在许多恶劣的天气和风暴中航行了好几千海里。欧洲人所知道的世界范围大大地扩展了，地图上出现了许多新的地名和海岸。

在这次伟大的航程中，艰难险阻和严重的疾病始终跟随着这批航海家。只有意志、勇气、毅力和一定要达到所预定的目的地的坚定信心，使达·伽马获得了胜利。

达·伽马完成了自己的任务。葡萄牙现在知道了通往印度宝石、香料和其他财物的直接航路。里斯本群众为海上旅行家的安然归来举行了盛大庆祝会。

达·伽马的航行在地理学上的意义是伟大的，它证明了围绕印度半岛的海不是像当时地理学家所推测的那种内海。自从达·伽马航行之后，世界地图上出现了非洲大陆和印度的正确轮廓。

知识点

罗 盘

在古代，罗盘是风水师的工具，主要由位于盘中央的磁针和一系列同心圆圈组成，每一个圆圈都代表着古人对于宇宙大系统中某一个层次信息的理解。在我国古代，人们认为，人的气场受宇宙的气场控制，人与宇宙和谐就是吉，人与宇宙不和谐就是凶。于是，他们凭着经验把宇宙中各个层次的信息，如天上的星宿、地上以五行为代表的万事万物、天干地支等，全部放在罗盘上。风水师则通过磁针的转动，寻找最适合特定人或特定事的方位或时间。

现代罗盘是指提供方向基准、指示飞机航向的仪表。

延伸阅读

阿芳那西·尼基丁的印度印象

比达·伽马早35年访问过印度的阿芳那西·尼基丁曾经对印度作过如下十分诱人的描述："卡利克特是整个印度洋的码头……码头上各种各样的建筑物几乎延伸到水面，白鹭悠闲地栖息在海岸，鳄鱼时常把它那长而扁平的头探出水面……""城市展现在宽阔的海港岸上，寺院的圆顶高耸在果树和棕榈树林里。风从岸上送来百花香味……胡椒、丁香、肉桂、小豆蔻堆满仓库。在那里，还有很多药材：印度的樟脑、毒药（治痢疾的叶剂）、芦荟、缬草根及有浓厚蒜味的臭松香。仓库里还保存着许多作药剂用的犀角粉。芬芳药剂的香气散布到很远的地方……"此外，印度的仓库里还堆满了蓝色染料靛蓝，红色、黄色和白色的檀木，椰子纤维和椰子果肉干，象牙在昏暗之中反射出光辉。所有这些货物都要运往埃及和其他阿拉伯国家，经过阿拉伯人再转运到欧洲人手中。

麦哲伦的环球航行

葡萄牙早期的著名航海家费尔南多·麦哲伦是地理大发现时期的一个重要人物。他领导的船队完成了人类历史上第一次环球航行，无可辩驳地从实践中证明了地圆学说，对扩大人类的地理知识作出了重要贡献。在地理大发现、远洋探险的年代里，欧洲人为了探索一条由西欧直达印度和中国的新航路，进行了多次远洋探险。达·伽马率领的葡萄牙船队绕过非洲东进，终于开辟了新航路。哥伦布率领的西班牙船队横渡大西洋西行，无意中发现了"新大陆"——美洲。麦哲伦和他所领导的船队，继承了东、西航行的成就，并向前推进了一步，完成了环球航行。

麦哲伦1480年出生于葡萄牙北部波尔图一个破落的骑士家庭里，10岁时进王宫服役，随国王约翰二世和王后游历全国各地。16岁进入国家航海事务厅。1511年他跟随新任印度总督阿尔布克尔克参加攻占马六甲。他在东南亚参与殖民战争时了解到，香料群岛东面，还是一片大海。而且，他的朋友占星学家法力罗计算出了香料群岛的位置。他猜测，大海以东就是美洲，并坚信地球是圆的。于是，他便有了做一次环球航行的打算。

33岁时，他向葡萄牙国王曼努埃尔申请组织船队去探险，进行一次环球航行。可是，国王没有答应，因为国王认为东方贸易已经得到有效的控制，没有必要再去开辟新航道了。

1518年3月，西班牙国王查理五世接见了麦哲伦，麦哲伦再次提出了航海的请求，不久，在国王的指令下，麦哲伦组织了一支船队准备出航。

1519年9月20日，麦哲伦率领"维多利亚"号等5条船和约270名水手的船队出发了。船队在大西洋中航行了70天，11月29日到达巴西海岸。由于这里是葡萄牙的领地，所以麦哲伦告诉船员们一定要小心，不要被葡萄牙人发现，因为根据1494年双方签订的《托尔德西里亚斯条约》规定谁也不得进入和占领对方的领土。第二年1月10日，船队来到了一个无边无际的大海湾。船员们以为到了美洲的尽头，可以顺利进入新的大洋，但是经过实地调查，那只不过是一个河口，即现在乌拉圭的拉普拉塔河。3月底，南美进入隆冬季节，于是麦哲伦率船队驶入圣胡安港过冬。

1520年8月底，船队驶出圣胡安港，沿大西洋海岸继续南航，准备寻找通往太平洋的海峡。经过3天的航行，在南纬52°的地方，发现了一个海湾。麦哲伦派两艘船只前去探察，希望查明通向太平洋的水道。当夜遇到了一场风暴，狂飙呼啸，巨浪滔天，派往的船只随时都会有撞上悬崖峭壁和沉没的危险，如此紧急情况，持续了两天。说来也巧，就在这风云突变的时刻，他们找到了一条通往太平洋的峡道，即后人所称的麦哲伦海峡。

麦哲伦

麦哲伦率领船队沿麦哲伦海峡航行。峡道弯弯曲曲，时宽时窄，两岸山峰耸立，奇幻莫测。海峡两岸的土著居民，喜欢燃烧篝火，白日蓝烟缕缕，夜晚一片通明，好像专门为麦哲伦的到来而安排的仪仗队。麦哲伦高兴极了，他在夜里见到陆地上火光点点，便把海峡南岸的这块陆地命名为"火地"，这就是今日智利的火地岛。

经过20多天艰苦迂回的航行，终于到达海峡的西口，走出了麦哲伦海峡，眼前顿时呈现出一片风平浪静、浩瀚无际的太平洋。

历经100多天的航行，一直没有遭遇到狂风大浪，麦哲伦的心情从来没有这样轻松过，他就给当时被称为"南海"的海域起了个吉祥的名字，叫"太平洋"。在这辽阔的太平洋上，看不见陆地，遇不到岛屿，食品成为最关键的难题，100多个日日夜夜里，他们没有吃到一点新鲜食物，酒早已被喝光，只有面包干充饥，后来连面包干也吃完了，只能吃点生了虫的饼干碎屑，这种食物散发出像老鼠屎一样的臭气。船舱里的淡水也越来越少，最后只能喝带有臭味的变质黄水。

1521年3月，船队终于到达3个有居民的海岛，这些小岛是马里亚纳群岛中的一些岛屿，岛上土著人皮肤黝黑，身材高大，他们赤身露体，然而却戴着棕榈叶编成的帽子。热心的岛民们给他们送来了粮食、水果和蔬菜。在惊奇之余，船员们对居民们的热情，无不感到由衷的感激。但由于土著人从未见到过如此壮观的船队，对船上的任何东西都表现出新奇感，于是从船上搬走了一些物品，船员们发觉后，便大声叫嚷起来，把他们当做强盗，还把这个岛屿改名为"强盗岛"。

船队再往西行，来到现今的菲律宾群岛。至此，麦哲伦和他的同伴们终于首次完成横渡太平洋的壮举，证实了美洲与亚洲之间存在着一片辽阔的水域。这个水域要比大西洋宽阔得多。哥伦布首次横渡大西洋只用了一个月零几天的时间，而麦哲伦在天气晴和、一路顺风的情况下，横渡太平洋却用了100多天。

麦哲伦首次横渡太平洋，在地理学和航海史上产生了一场革命。证明地球表面大部分地区不是陆地，而是海洋，世界各地的海洋不是相互隔离的，而是一个统一的完整水域。这为后人的航海事业起到了开路先锋的作用。

麦哲伦是第一个从东向西跨太平洋航行的人。他以3年多的航行，改变了当时流行的观念：从新大陆乘船向西只消几天便可到达东印度。麦哲伦船队的环球航行，用实践证明了地球是一个球体，不管是从西往东，还是从东往西，都可以环绕我们这个星球一周后回到原地。这在人类历史上，是永远不可磨灭的伟大功勋。他的壮举具有划时代的意义，堪与阿姆斯特朗登月相比。

知识点

骑　士

骑士也称武士，是欧洲中世纪时受过正式的军事训练的骑兵，后来演变为一种荣誉称号，用于表示一个社会阶层。骑士属于贵族的最底层，但本质跟贵族有所不同，其身份的获得往往并不是继承而来的，除了和贵族一样能够获得封地之外，必须在领主的军队中服役，并在战争时自备武器与马匹。

延伸阅读

麦哲伦客死异乡

1521 年，麦哲伦率领船队横渡了太平洋。同年的 3 月 8 日，麦哲伦船队抵达菲律宾群岛中的胡穆奴岛。3 月 27 日，船队到了马克坦岛，其后，又到了宿务岛。当时西班牙国王规定，船队应尽力扩大王室版图，效劳者可得重赏。麦哲伦想征服岛上的土著居民，把岛上的一个个小王国变成西班牙的殖民地。麦哲伦带领船员，手持火枪、利剑，强行登上陆岸，准备用武力征服这个地区，然后用西班牙国王菲利普二世的名字来命名这个地区。令麦哲伦没想到的是，进攻遭到了土著居民的强烈反抗。土著居民用箭、标枪对付他们。激战中，麦哲伦被几个土著人围攻，最终被土著人的刀剑砍翻在地，一命呜呼，一代航海家就这样惨死在这个小岛上。

埃里克发现格陵兰

公元 900 年，一位名叫冈贝伦的诺曼人乘船从挪威出发，想前往冰岛，但被强风吹离了航线，只得向西前进。不久，他看到一片陌生的土地，但那令人惊骇的洪荒景象吓着了他，所以并没有登陆。他掉头东返，几经周折才到了冰岛。于是在冰岛人中间，开始流传关于那片未知土地的故事。不过前往那片土地的航程太危险了，冈贝伦所叙述的流冰和浓雾，冷却了他们的冒险热情。直到80年后，才有几个挪威人出于无奈尝试前往那一片土地。

"红胡子"埃里克像

这一次航行是由一名北欧海盗船长率领的。由于他有一把火一般的红胡子，所以都称他为"红胡子"埃里克。

982年，"红胡子"埃里克在海上漂泊，他向西直驶，终于见到了一块陆地。他沿着海岸转了一大圈，确定这是个巨大的岛屿，就登陆上岸，发现草原上散布着松树和柳树，那里夏天暖和，适于植物生长；而在浅湾和内港，到处都有海豹在嬉戏，鲸鱼在游弋。他欣喜若狂，于是把该岛命名为格陵兰，意思是"绿色的大地"。

红胡子埃里克返回冰岛，到处讲述格陵兰岛的美丽富饶。到了985年，埃里克带了一队想要到格陵兰定居的移民到达了该地。

绿色格陵兰岛

他们在岛上安了家，建起了许许多多 30 米长的房子和谷仓。这片居住地后来被称为"东开拓地"，也就是尤里亚尼合浦，当时成了一个相当繁华的地方，有 190 座农场和一些教会及修道院。红胡子埃里克顺理成章地成为"东开拓地"的首领。不久，另一个移民团体也来到了格陵兰，但"红胡子"埃里克并不欢迎他们在此垦殖。他们只好沿着海岸继续往西走，最后在格特合浦峡湾建立了"西开拓地"。紧接着的每一个夏天，移民们不断地朝这两个开拓地拥来。这时，他们突然发现了一些不速之客，后者具有青铜色的皮肤，矮小而粗壮，操着完全不同的语言，这就是生活在北极地区的因纽特人，显然他们才是格陵兰的最早居民。

格陵兰的北欧移民们很快与因纽特人进行交易，他们以玉米和铁器换取因纽特人的海象牙、白熊及海豹的皮毛。然而，交易经常引起争执，北欧人开始袭击因纽特人。

因纽特人

在这以后的 300 年里，格陵兰岛上的 16 座教堂一直向罗马主教进贡。但到 15 世纪初，这种进贡突然间中断了，格陵兰殖民地也从此杳无音讯了。究其原因可能是当时全球气温的逐渐降低，冰盖的面积越来越大，全部拓荒者因无法适应而死亡。但据考古学家的资料，在今天发现的拓荒者的遗骸上，明显有杀戮的痕迹，因此他们很可能是在与因纽特人的战争中灭绝的，而饥寒仅是全体失踪的第二个原因。

→ 知识点

峡湾

峡湾是一种特殊形式的槽谷，为海侵后被淹没的冰川槽谷，是冰川槽谷的一种特殊形式。在高纬度地区，大陆冰川和岛状冰盖能伸入海洋，冰川谷进入海面以下，继续深掘，拓宽冰床，冰期后海面上升，下端被海水入侵淹没，受海水影响，形成两侧岸壁平直、陡峭、谷底宽、深度大的海湾，这样的海湾即为峡湾。

延伸阅读

因纽特人

因纽特人是北极地区的土著民族，祖源属于东部亚洲民族，主要分布在从西伯利亚、阿拉斯加到格陵兰的北极圈内外。因纽特人先后创制了用拉丁字母和斯拉夫字母拼写的文字。多数因纽特人信奉万物有灵和萨满教，部分信基督教新教和天主教。他们多住在石屋、木屋和雪屋中。房屋一半陷入地下，门道极低。他们主要从事陆地或海上狩猎，辅以捕鱼和驯鹿。多以肉为食，毛皮做衣物，用油脂照明和烹饪，一般养狗，用以拉雪橇。

墨西哥的发现

1518 年，西班牙人胡安·格里哈利巴在古巴组建了一支由 4 艘船和 240 名士兵组成的探险队。该探险队的主舵手是阿拉米诺斯，后来发现好望角的迪亚斯是这个探险队的参与者。船队向西行驶，但海流却把船队推到偏南方向，不久他们在尤卡坦东岸附近发现了一个名叫科苏梅尔的海岛，但他们并未在此逗留，继续向前航行。

格里哈利巴的船队沿着未被探索过的海岸向西行驶。为了安全，他们只在白天行驶，过了几昼夜，他们到达塔瓦斯科大河河口（今格里哈尔瓦河）。岸上出现了众多的印第安人，印第安人砍倒大树，堵截住道路，以便同西班牙人展开激战。但是西班牙人的武器装备比印第安人的强得太多，一阵厮杀之后，格里哈利巴便率人占领了海岸。格里哈利巴让被俘的印第安人翻译传话给印第安人的头领，让他不必有顾虑地前来谈判。头领送来了鱼、母鸡、水果和玉米饼，他们把一块棉布手帕铺到地上，上面放着一些用粗金制成的艺术品，还拿来了几件斗篷。头领说，他们再没有更多的黄金了，可是在他们的西边有一个名为墨西哥的国家，那里的黄金非常多。这个消息让格里哈利巴等人高兴极了，他们立即起航，去寻找印第安人所说的拥有大量黄金的墨西哥。

海岸线沿着西北方向弯转。在一个河口西班牙人看见一群印第安人，他们拿着长矛，长矛上系着迎风招展的白旗。这些人邀请西班牙人登上海岸。这是阿兹特克人的最高首领、墨西哥的君主蒙特苏马派来的。蒙特苏马听说了西班牙人一路上的行径，他还知道这些人下一步的行动是向北推进，目的是寻找黄金。于是他下令沿岸的居民拿出黄金制品去换取海外的"商品"，为的是探听到这些人到哪里去和去干什么。于是居民们立刻拿来了许多金制首饰，虽然这些首饰是用粗金制成的，工艺粗糙，但是用这些西班牙人从未见过的首饰却换来了许多玻璃项珠。格里哈利巴没费多少工夫就占领了这个地区，并作了公证文件。船队继续朝着西北方向航行，西班牙人很快发现了一个不大的群岛，他们派了一只小船前去查探。在一个小岛上西班牙人发现了几座石头建筑物，沿着建筑物的台阶可以登上祭坛。过了一些日子，他们登上一条沙石海岸，因为在沙丘的下面不能防御蚊虫的袭击，所以他们在沙丘高地上建造了一些房子。海上不远的地方有一个小岛，他们在那个海岛上发现了一座神庙，庙里住着4个身穿黑色斗篷的印第安祭司。

西班牙人把这个岛称为圣胡安·德·乌卢阿岛。岛上有一个很好的海湾，西班牙人征服了墨西哥之后，长期以来这个海湾成了新西班牙最重要的港口（位于韦拉克鲁斯的对面）。

XUANMIAO DE DILI GUSHI

　　格里哈利巴派了一艘船带上了所得的黄金返回去报告这里发生的一切事情，他自己却乘船继续沿墨西哥海岸航行，他一直航行到帕努科大河的河口，海岸从此向北弯转。航船严重漏水，冬季来临，船上的给养已经快耗尽了，于是他们掉转船头，返回古巴。

　　格里哈利巴的探险队发现了一个高度文明的国家——墨西哥，并探察了从捷尔米诺斯礁湖到帕努科河河口全长约 1 000 千米的全部墨西哥湾的西部海岸。然而，对西班牙人来说最重要的收获是，他们运回了大批精美的黄金首饰。

　　当这个消息传到牙买加岛后，牙买加的总督佛朗西斯科·卡拉依立即组建了一支探险队，这个探险队由 3 艘船组成，由阿隆索·皮涅达担任该探险队的队长，以发现和征服北部沿海地区。1519 年，皮涅达从牙买加岛出发，从西北方向穿过墨西哥湾，然后向东行驶，一直航行到海岸线直转向南的地方。他继续朝着新的航向前进，抵达佛罗里达的最南端，从此处皮涅达掉转船头返航。在返回的途中，皮涅达探察了由佛罗里达到帕努科河全程 2 500多千米长的墨西哥湾整个北部沿海地区。格里哈利巴曾经到达帕努科河。皮涅达派出的侦察兵被驻守此地的西班牙总督科尔特斯俘虏了，皮涅达被迫向

密西西比河

北退去，然后他又向东航行。他沿海岸很近的地方向前推进，驶进一条大河的河口，他把这条大河称作圣灵河（即今密西西比河）。皮涅达发现的这条河水量极其充沛，以致这个航海者起初把它当做通向印度的航道，即把它当做连接大西洋与太平洋的海峡通道。

格里哈利巴凭借首先发现的权利，正式确认墨西哥湾全部沿岸地区是自己的领地，而牙买加的皮涅达则证明了墨西哥湾沿岸是一块辽阔大陆，这块大陆的东部是佛罗里达半岛，南部是尤卡坦半岛。

知识点

阿兹特克

阿兹特克族是游荡在墨西哥北部的一个狩猎民族，根据传说，阿兹特克人的祖先是从北方一个叫阿兹特克的地方来的，他们创造了辉煌的阿兹特克文明（阿兹特克文明是中美洲古老印第安文明的一部分）。史料记载的历史开始于12世纪中叶。根据太阳神的神谕，阿兹特克人如果看到一只鹰站在仙人掌上啄食一条蛇，那就是他们定居的地方。他们在墨西哥的平原和高地上辗转徘徊了两个世纪。13世纪早期，阿兹特克人到达墨西哥盆地，当时的墨西哥盆地中有宽阔的湖区，水草丰茂，土地肥沃，这里已经滋养了另外一个古老的文明——托尔特克文明。终于，他们决定在那里定居下来。阿兹特克人洗劫了托尔特克人的都城，控制了墨西哥盆地。

延伸阅读

墨西哥的国徽、国鸟

墨西哥全名墨西哥合众国，位于北美洲，北部与美国接壤，东南与危地马拉与伯利兹相邻，西部是太平洋，东部有墨西哥湾和加勒比海。墨西哥的国徽为一只展翅的雄鹰嘴里叼着一条蛇，一只爪抓着蛇身，另一只爪踩在从湖中的岩石上生长出的仙人掌上。这组图案描绘了墨西哥人的祖先阿兹特克人建国的历史。居住在墨西哥北部地区的阿兹特克人在太阳神的启示下，找到图案中所描绘的地方（墨西哥盆地）定居下来，建立了墨西哥城。也正由于此，墨西哥人将雄鹰定为国鸟，将其视为祖国的象征。

奥雷连纳命名亚马孙河

《西游记》中讲述了一个途经"女儿国"的故事。尽管那只是一个神话，但直到今天仍能激起人们的无限幻想。无独有偶，在著名的古希腊神话中，也有一个"女儿国"的故事。

不知是什么时候，这个源自西欧的神话居然传到了美洲大陆。土著们给西班牙入侵者讲述了这个"女儿国"的故事：很久以前，从遥远的地方渡海来了一批英勇的女战士。她们登陆美洲大陆后，在极短时间内征服了一块土地，并建立了一个名叫"女人之地"的国家。这个美丽的神话传说一直在美洲大陆流传着。

1540 年，当佛朗西斯科·奥雷连纳在纳波河与冈萨劳·皮萨罗永远分手时，奥雷连纳的船上有 50 名士兵和两个神职人员，一个名叫卡斯帕尔·卡瓦哈里的神职人员记述了这次旅行的经过。按卡瓦哈里所记述的关于奥雷连纳的一种说法，水流湍急的纳波河几天的工夫把他的船冲到离分手地有好几百千米的地方，然而这条河的两岸看不到一个村庄。皮萨罗的探险队缺乏粮食，奥雷连纳的人员也忍受着饥饿的痛苦，他们把马鞍上的皮革都煮熟吃了，直到 1541 年 1 月 8 日，他们才遇到第一个印第安人的村庄，返回去没有任何可能，因为在陆地上无路可走。如走水路就不得不以极大的力气沿河逆水行舟好几个月。

奥雷连纳决定随波漂流，直到大海，他不管最终将会到达什么地方。从当地印第安人那里得知，他们离一条很大的河流不远，于是他们决定再建造一艘船。西班牙人从印第安人那里弄到了一些给养，2月1日，他们继续航行。1541年2月11日，他们航行到3条河汇集的地方，3条河中有条大河"宽阔如同海洋一般"（亚马孙河的上游——马拉尼翁河）。奥雷连纳随着这条巨大的水流漂泊，河水把他的船向东推去，他的船经过未曾探索过的地区，朝着人们不曾知道的海洋漂去。在纳波河河口，一条大河在他们的眼前滚滚而下，这时奥雷连纳觉得已经离海洋不太远了。然而时间一天一天、一个星期一个星期地过去了，西班牙人仍然顺水向下漂流，始终没有看到靠近海洋的任何迹象。一条又一条巨大的支流注入这条大河，但是这些旅行者在河道的中心仍然能够望见它的两岸，有时他们只能望见遥远的模糊不清的绿色地带。当他们驶近岸边时，满布着不可逾越的原始密林，无数小溪以及支流出现在他们的面前。

西班牙人沿这条河继续向下游航行，当他们靠近岸边时，遇到了一些乘坐着轻型船只的好战的部族人，那些人对西班牙人进行攻击。西班牙人火药受潮，弓弦失去了弹性，远射程炮变成了无用之物，所以他们把两艘船尽可能停泊在河的中心，以躲避印第安人对他们的侵扰。经过50天航行后，他们到达一条支流的河口，这条支流的河水"黑得像墨水一样"。奥雷连纳把这条支流称作黑河（葡萄牙语称为里奥内格罗河，这是亚马孙河左面最大的一条支流，全长1500千米以上）。沿河再向下就是人口稠密的地区，西班牙人在河的两岸遇到了许多大村庄，其中一些村庄沿河岸延伸数千米。

6月24日，西班牙人发现了一个村庄，这个村庄里只居住着"一些浅肤色的女人，她们与男人毫无交往"。这些女人留着长长的发辫，身体强壮而有力，她们的武器是弓和箭。她们向西班牙人进行攻击，结果被打败了，在这次战斗中她们损失了七八个人。在有关奥雷连纳航行的记述中，这个地方给他的同代人们留下了深刻的印象，因为这个地方使人想起了古代希腊神话传说中的女儿国。奥雷连纳原想以自己的名字给这条河命名，但后来这条河取名为亚马孙河，并被保留下来了。

奥雷连纳的伟大地理发现是，他第一次从西到东，从一个海洋到另外一个海洋穿越了人们尚未探察过的大陆，并从实践上证明了这个位于赤道附近的南大陆至少已经有数千千米长的广阔地域。

蜿蜒的亚马孙河

奥雷连纳给世界四大河之一的亚马孙河命了名，从此青史留名。在阿根廷的"发现美洲"博物馆中，他的塑像与哥伦布、麦哲伦等人并列。

知识点

印第安

印第安主要是指印第安人，印第安人是美洲大陆最古老的居民。在欧洲殖民者入侵美洲之前，整个美洲印第安人总数约为1 400万～4 000万，共约有160种语别，1 200种方言。集中居住在三大地区：一是墨西哥东南部和中美洲的玛雅人；二是墨西哥高原的阿兹特克人、托尔特克人以及萨波台克人；三是南美安第斯山区（包括秘鲁、玻利维亚和厄瓜多尔）的印加人。至于印第安人的祖先，史学界公认印第安人是从西伯利亚移来美洲的蒙古人种。在大约2.5万年前，他们经白令海峡在阿拉斯加的岛屿登陆，然后逐渐南移，最后遍布于美洲大陆。

延伸阅读

奥雷连纳的最终命运

1541 年 8 月 26 日，在没有罗盘和舵手的情况下奥雷连纳和同伴驾驭着两条船驶入大洋，沿着大陆的海岸向北航驶。幸运的是，在整个航行期间没有遇到风暴和大雨的袭击。一天晚上，这两艘船失去了联系，于是各自向前继续航行。奥雷连纳和他的同伴们顺利地穿过了帕里亚湾和该海湾的两条可怕的海渊。1541 年 9 月 11 日奥雷连纳到达珍珠岛（马加里塔岛）南岸附近的库巴瓜小岛。奥雷连纳从库巴瓜小岛给西班牙国王寄出了一个报告，但是他本人却与自己的同伴们离开了库巴瓜小岛向伊斯帕尼奥拉岛驶去，于 1541 年年底到达伊斯帕尼奥拉岛。他梦想占领他所发现的全部地区。次年，他回到了西班牙，与西班牙政府签订了一项占领这个地区的协议。1544 年中期，一支由奥雷连纳带领的探险队从瓜达尔基维尔河的河口启程，但这个探险队遭到了全面失败。探险队在加那利群岛耽误了 3 个月，在佛得角群岛又耽误了两个月，约有 100 人死亡，50 个人开了小差。在横渡大西洋时风暴吹散了他们的船队，仅有两艘抵达亚马孙河河口。在亚马孙河口，奥雷连纳和他的绝大部分人员死于热带黄热病，几十个幸存的人逃到伊斯帕尼奥拉岛上去了。

抵达亚洲大陆东端

长期以来，在哥萨克人中间流传着一个传说：在通古斯以东的崇山峻岭的背后，有一片被称为"温海"的辽阔大海。海中的鱼很多，不用撒网，只要用手就能抓到。海滨居住着席地而坐、留着大胡子的人，他们乘独木舟捕鱼狩猎。那里还盛产珍贵的貂皮以及各种奇异的动物。在"温海"的对岸，有一个"白雪覆盖"的"大岛"，岛上栖息着成群的海象。在那里，只要用一瓶酒就可以向当地居民换取大量的北极狐皮和古代猛犸的象牙……

这些天方夜谭式的传闻，大大刺激了爱好冒险的哥萨克人。1638 年，哥萨克探险队从雅库茨克城出发，向着东方去寻找富饶的"温海"和"大岛"。他们克服种种道路障碍，艰难地行进。穿过一片片茂密的树林，涉过一条条冰冷刺骨的河流，越过一片片草地，经过一段起伏不平的岩石地带后，终于到达了距离莫斯科约 6 400 千米的地方。在那里，他们果然发现了碧波万顷的大海——鄂霍次克海。

哥萨克人以坚韧不拔的毅力和极大的生命代价，横越了世界最大的大陆，抵达了亚洲大陆的东端。以后的 30 年中，哥萨克人又转向东北方向探险，去寻找

哥萨克人

传闻中盛产毛皮、象牙、被冰雪覆盖着的神秘"大岛"。

1644 年，一位名叫迭日涅夫的哥萨克人组织了一支由 25 名队员组成的探险队，从鄂霍次克海滨出发，向北沿着科累马河北上，到达东西伯利亚海的海岸，接着，沿阿纳德尔河向东行进，直达阿纳德尔河的入海处。

这是一次艰难的行进。探险队员们在阿纳德尔河南岸登上一座山后迷了路。他们忍着饥饿，在冰冷刺骨的雪地上胡乱地走了 10 个星期，几乎濒于死亡，最后终于跌跌撞撞地到达了阿纳德尔河的入海口——阿纳德尔海

因纽特人的雪屋

湾。他们遇到了因纽特人，看到这些因纽特人都住在用许多粗大的鲸鱼骨架搭起来的房屋内，惊叹不已。迭日涅夫在阿纳德尔海湾的岸边斜坡上，发现了大量珍贵罕见的海象骨。他立刻把它们全都收集起来，一下子得到了 4 600 千克的海象骨。可是这里既捕不到鱼，周围又没有树林，捕捉不到猎物。可怕的饥饿迫使这支探险队回头朝阿纳德尔河的上游走去，希望能找到当地土著，得到一些食物。可是一连走了 20 多天，连个人影都没见到，队员们有些绝望了。

迭日涅夫不愿放弃最后一线希望，鼓励队员们继续前进。探险队在雪地里过了一夜，第二天又沿着河岸往前走。走着走着，河面一下子开阔起来。队员们简直难以相信，呈现在眼前的竟是一望无际的大海！海面上耸立着一个巨大的石柱，它高得无法丈量。就在高耸入云的石柱后面，有一个形似汤匙的半岛，自北向南延伸入海，这就是传说中的"大岛"。他们把居住在"大岛"上的当地土著居民称为"堪察加"，意为"最边远的人"，把这个传说中的"大岛"称为"堪察加半岛"。原来，阿纳德尔河上游地区稍南一些，就是亚洲大陆与堪察加半岛的连接处。这一群哥萨克人在无意之中向南进入了堪察加半岛，并发现了堪察加河河口。

哥萨克人在岛上作了大量的考察，他们发现半岛的东岸分布着很多火山。最高的火山克留契夫火山，海拔达 4 750 米，比我们现在看到的日本富士山

克留契夫火山

还要高出近 1 000 米。两条高大的山脉——科里亚克山脉和堪察加山脉自北而南纵贯整个半岛。由于从北冰洋南下的寒流被堪察加半岛挡住，所以半岛东岸气候极其寒冷，而半岛西岸的鄂霍次克海则是比较温暖的海洋，被称为"温海"。

堪察加半岛上的土著都居住在挖有地窖的小屋里，夏季住小屋，冬季住地窖以抵挡严寒的袭击。他们穿着用海豹皮、狐皮、鹿皮缝制起来的装饰着鸟羽的衣服。迭日涅夫探险队的到来，使这些土著感到非常惊奇，但土著们仍然很热情地接待了探险队，拿出捕猎来的鱼和兽肉给队员们吃。

迭日涅夫探险队历尽艰险发现了堪察加半岛，后来，人们又把亚洲海岸最东面的海角命名为"迭日涅夫角"。至此，亚洲大陆东北部的神秘面纱被揭开了。

知识点

半岛

半岛是指陆地一半伸入海洋或湖泊，一半同大陆相连的地貌状态，它的其余三面被水包围。世界主要的半岛都分布在大陆的边缘地带。世界上最大的半岛是亚洲西南部的阿拉伯半岛，面积达 300 多万平方千米。欧洲海岸曲折，有众多的半岛，素有"半岛大陆"之称，欧洲面积超过 10 万平方千米的半岛有 5 个：北欧的斯堪的纳维亚半岛，面积 75 万平方千米；西南欧的伊比利亚半岛，面积 58.4 万平方千米；东南欧的巴尔干半岛，面积 50 万平方千米；南欧的亚平宁半岛，面积 14 万平方千米；南北欧的科拉半岛，面积 10 万平方千米。

延伸阅读

哥萨克

13世纪开始，一些斯拉夫人为了逃避蒙古帝国中钦察汗国的统治而迁徙流落到俄罗斯南部地区，15、16世纪时，又有大批城市贫民与不愿成为农奴的俄罗斯、乌克兰农民迁徙到俄罗斯南部地区，这些人统称为"哥萨克"。哥萨克以骁勇善战和精湛的骑术著称，他们在俄国南部地区建立了一些地方政权，是支撑俄罗斯帝国于17世纪往东扩张的主要力量。

前往澳大利亚的旅行

17世纪初，西班牙航海家托雷斯探察了一块已被发现的"大的陆地"，并从南面环绕航行了一周，从而他确认，这并不是从前人们认为的南部大陆，而是一个岛群，而且这个岛群的面积并不是很大。托雷斯掉转船头向北航进——稍稍偏西，按他所确定的纬度，他已经航行到南纬11°5′附近的新几内亚（伊里安）的一个突出角了。事实上新几内亚的东南突出角并不可能向南延伸到这么远的地方，假如在确定纬度和绘图时没有发生重大的错误，那么托雷斯所指的新几内亚的突出角可能是路易西亚德群岛中的一个岛屿，或是这个群岛向西延伸的一系列珊瑚群岛，然而从此向西航进一定是新几内亚岛了。

托雷斯在自己的报告里说，他沿新几内亚的南部海岸一共航行300里卡（约1 700千米），"由于遇到了无数的浅滩和急流，被迫离开海岸线向西南驶去，那里有许多大岛，再往南还可以看到一系列大岛"。托雷斯在路易西亚德群岛或新几内亚东南海角向南所望见的无疑是澳大利亚的北部海岸，以及与这条海岸相毗邻的一些岛屿（比较可信的是阿纳姆地半岛）。托雷斯再向前行进了180里卡（约1 000千米）后，转向北航进，这时他又返回位于南纬4°由东向西延伸的新几内亚南部海岸附近的海区。

托雷斯最后一次航行的方向是向西偏北。"在这个地区（新几内亚西北边境）我第一次看到了铁，还看到了中国的小铃。这些东西使我确信，我们已经置身于马鲁古群岛附近了。"

托雷斯穿过马鲁古群岛后转向吕宋岛（菲律宾），并于1607年中期在马尼拉提出了自己的报告。托雷斯以自己亲身航海的实践证明，新几内亚（它的北部海岸早已被西班牙人和葡萄牙人所认识）不是南部大陆的一个组成部分，而是由一条海峡与"大岛"相隔的一片面积辽阔的海岛，海峡之外的"大岛"实际上就是真正的澳大利亚。托雷斯并不是看到南部大陆的第一个欧洲人，但是他无疑是穿过澳大利亚与新几内亚之间的那条海峡的第一个人。海峡内布满了珊瑚暗礁，航行十分困难。18世纪中叶，人们完全有理由把这条海峡命名为托雷斯海峡。

来到马尼拉后，托雷斯立即把自己的发现成果报告给地方当局，但是马尼拉的西班牙人地方政府把这一发现加以保密。

150年以后，七年战争时期（1756—1763年）英国人在吕宋岛登陆，暂时占领了马尼拉城，然后抢掠了政府的秘密档案，从此全世界才知道了西班牙人在太平洋上的种种巨大发现。然而英国人并不急于与世界分享西班牙人的这些秘密。

18世纪最后的25年，经过英国人和法国人多次探察之后，澳大利亚海岸线的大致轮廓已经清楚了，但是人们仍然把塔斯马尼亚岛当做新荷兰大陆的一个组成部分。新南威尔士的自由移民们以及被派往这个新殖民地任职的军官们开始对大陆的东南地区进行更加细致的考察工作。为了进行这项工作，从杰克逊港向南进发的有两个探险家：一个是海军军人梅秋·弗林德斯，另一个是军医乔治·巴斯。

1797年11月至1798年1月，巴斯乘一艘单桅船沿新荷兰的东南海岸线航行了11个星期之久。他发现，大陆的海岸线向西偏移。为了继续查看这条海岸线，他一直航行到威尔逊海角附近的一个不大的海湾。在此，巴斯作出了一个正确的判断：他穿过了一条海峡。海峡之南的旺·迪麦之地并不是一个半岛，而是一个海岛。但是，他对自己的判断还没有足够的把握，因为在威尔逊海角以西可能还会存在一块地峡把旺·迪麦之地与大陆连接在一起。

巴斯把自己的疑点告诉给弗林德斯，于是他们二人于 1798 年底乘"诺弗尔克"号船开始航行，他们不仅穿过了巴斯海峡，而且还环绕整个旺·迪麦之地航行了一周。稍后一些时候，旺·迪麦之地被人们起名为塔斯马尼亚岛。在环绕塔斯马尼亚岛的航行过程中，他们还确定了这个岛附近一系列岛屿的地理方位，这样，他们便完成了对这个岛海岸线的全部考察工作。他们还在巴斯海峡里发现了一系列岛屿，其中最大的岛屿有：海峡东部入口处附近的弗林德斯岛和海峡西部入口处的金岛。

1801 年，海军军官约翰·穆雷在绘制新荷兰东南海岸线地图过程中，在巴斯海峡的西部入口处附近发现了一个优良的海湾——菲利浦港湾，不久之后，在这个港湾的北岸建起了墨尔本城。

1801—1802 年夏季，英国人梅秋·弗林德斯乘"调查者"号航船完成了对大澳大利亚湾的考察和记录，同时在这个海湾发现了一系列不大的岛屿，其中包括"调查者"号群岛。在大澳大利亚湾东南海角之外，他发现了一条狭窄的海峡入口，起初，弗林德斯把它误认为是新南威尔士（东部）与新荷兰（西部）相隔的海峡。假若它是一条这样的海峡，那么这条海峡一定会沿经度线把整个澳大利亚大陆分成两个部分，并直通卡奔塔利亚湾，因此英国人，还有其他的欧洲人，对 17 世纪荷兰人在卡奔塔利亚湾的考察资料采取不信任的态度。然而，弗林德斯很快看到，这不是一条海峡，而是一个海湾，它的名称叫斯潘塞湾。驶出这个海湾后，弗林德斯发现了一条真正的海峡，他以他的航船的名称命名为"调查者"号海峡。他沿这条海峡向东行进，然后又向北航行，这次比前次更快地使他大失所望：北面也有一个名叫圣维森特的海湾，像长筒皮靴的约克半岛将其同斯潘塞湾截然分开了。

弗林德斯驶出圣维森特湾后，穿过了巴克斯特斯海峡，并向东南行驶。现在他对这片新发现的半岛之南的陆地发生了浓厚的兴趣。在巴克斯特斯海湾之外的大陆海岸附近又展现出恩卡温捷尔湾，在这个海湾的深处可以看到一条大河的河湾，即墨累河的河口。使英国人弗林德斯感到十分痛心的是，这个河湾里停泊着一艘名叫"基奥格拉夫"号的法国船，以海军军人尼古拉·包登为首的一个法国科学探险队的队员们站在船舷上。包登很有礼貌，但是很少说话。他的科学考察同伴——自然学者法兰苏阿庇隆却是一个十分

　　健谈的人，这个人说，法国人在新荷兰的南部海岸完成了巨大的发现，并说，他本人打算把他乘的"基奥格拉夫"号航船所考察的这个沿岸地区命名为拿破仑·波拿巴之地。

　　包登的探险队是巴黎科学院在 1800 年组建的。法国政府对新荷兰的这一地区垂涎三尺，总想占为己有，所以它指令科学院对新荷兰进行探察。这个探险队由两艘船组成：一艘是由包登亲自指挥的"基奥格拉夫"号；另一艘是"自然科学家"号。后一艘船的指挥官是加米林大尉。他们的基地大约设在当时印度洋上属于法国人的毛里求斯岛。

　　1801 年 5 月底，这个法国探险队靠近了新荷兰的西北海岸，他们在南纬 26°附近的沙克湾发现了佩伦半岛，又在这个海湾的出口处发现了两条海峡——乔格拉非海峡和自然科学家海峡。

　　南半球多风多雨和大雾弥漫的冬季来临了，在浓雾里，这两艘法国船走散了，彼此失掉了联系。包登继续考察和记录了新荷兰的西北海岸，并在帝汶海上航行中发现了宽阔的约瑟夫·博纳伯特湾和佩伦群岛，它们均位于阿纳姆地半岛附近。这时，"基奥格拉夫"号的许多船员因患坏血病卧床不起，为了医治这些人的疾病，同时也需要补充粮食和淡水，这艘船驶向帝汶岛。驶向这个岛的另一个原因是，他们与"自然科学家"号航船早先约定在该岛附近会合。

　　他们在帝汶岛附近停泊了 3 个多月时间，然后从这个岛起程，于 1802 年 1 月中旬两艘船一起驶抵塔斯马尼亚岛。一些船员又患上了坏血病，包登不得不在塔斯马尼亚岛附近再次停留了一个多月。在这段时间里，包登探察了塔斯马尼亚岛东部海岸线的地形。此后，这两艘船渡海前往澳大利亚的西南海角，从那里起沿着弗林德斯航行过的路线向东行进。这两艘船很快又走散了。"基奥格拉夫"号航船继续向前行进，发现了肯古鲁岛（袋鼠岛），这个岛是独立于弗林德斯岛之外的一个岛屿。显然，法国的这艘船是先于弗林德斯航行到恩卡温捷尔湾的，然后他们在这个海湾遇到了英国人。

　　坏血病在"基奥格拉夫"号的船员中蔓延起来，病倒的人越来越多，病情也越来越严重，因此这艘船不得不驶向杰克逊港，以便得到医疗和救护。包登在杰克逊港碰到了加米林，他派加米林的航船携带报告以及收集到的资料返回法国，而他自己于1802年11月中旬继续向南航进，以便进一步完成这次探险的任务。他环绕塔斯马尼亚岛航行一周，重复弗林德斯做过的工作，再次发现了前面已经说过的那些岛屿，然后驶抵帝汶岛，再从帝汶岛前往毛里求斯岛。1803年9月，包登死于毛里求斯岛上。"基奥格拉夫"号航船携带大批动植物标本回到了法国。

就这样，法国人在稍晚一些时候再次完成了对塔斯马尼亚岛的发现，并与英国人一起完成了对澳大利亚南部海岸线的发现和探察。弗林德斯和包登的探险最终证明：大澳大利亚湾和斯潘塞湾与卡奔塔利亚湾之间并无联系，它们之间相隔着广阔的地带。也就是说，新荷兰是一个完整的大陆。

在1802—1803年间，弗林德斯完成了环绕整个新荷兰航行一周的旅行。在此期间，他详细考察了自南纬32°20′以北的整个东部沿海地区，并查看了大珊瑚堡礁延伸的水区。这是由无数珊瑚礁和珊瑚群岛组成的一条堡礁带，起自南纬22°30′的斯文礁脉，沿澳大利亚东部海岸的水区向北延伸，直到南纬9°的新几内亚南岸为止。弗林德斯还考察了托雷斯海峡，并发现了这条海峡的安全航道是在威尔士王子岛以北的水区。为了彻底揭穿有一条海峡横穿新荷兰大陆并把这块大陆分割成两个部分的神话传说，他再次考察了卡奔塔利亚湾，并绘制了一幅卡奔塔利亚湾的准确地图。

1814年，弗林德斯的《前往澳大利亚之地的旅行》出版了，他认为从前这片大陆被称为未知的南部陆地，现在这块大陆已被人们探察过了，"未知的"字样应该取消，他建议把这块南部大陆由新荷兰易名为澳大利亚，结果得到了普遍的认同。

知识点

纬　度

纬度是指某点与地球球心的连线和地球赤道面所成的线面角，其数值在 0°~90°之间。位于赤道以北的点的纬度叫北纬，记为 N，位于赤道以南的点的纬度称南纬，记为 S。纬度数值在 0°~30°之间的地区称为低纬地区，纬度数值在 30°~60°之间的地区称为中纬地区，纬度数值在 60°~90°之间的地区称为高纬地区，赤道为 0°，向两极排列，圈子越小，纬度数越大。

延伸阅读

澳大利亚大陆

澳大利亚大陆是位于南半球大洋洲的一块大陆，面积约为 701 万平方千米，在世界的 6 块大陆中是面积最小的一块大陆。澳大利亚大陆四面被海所包围，与南极大陆并列为世界上仅有的两块完全被海水所包围的大陆。澳大利亚大陆铁、煤、铝土、锰等矿产资源丰富。因为澳大利亚大陆长期与北半球大陆分开，所以与其他大陆相比，澳大利亚大陆上的生物具有自身的特点。

白令海峡的发现及命名

1724 年隆冬，沙皇彼得大帝躺在病榻上已奄奄一息，但他依然牵挂着一桩未了的心愿。他把原籍丹麦的俄国航海家白令召到病榻前，任命他为探险队队长，命令他组建一支探险队，去亚洲的东端探索传闻中的"阿尼安水路"，即连接亚洲大陆与美洲大陆的海峡，并严厉地告诫他：如果探险没有获得应有的结果，不准再回俄国。

白令在领受了彼得大帝的圣谕后，与另一位俄国航海家奇利可夫一起组织起了由 70 人组成的堪察加探险队。他们从圣彼得堡出发，先是骑马行进，后来因道路崎岖曲折，马匹无法行进而改为步行，有时又不得不乘船前进。

就这样，他们自西向东横穿了整个西伯利亚。在到达鄂霍次克前的最后500千米行程中，他们受到了大自然的严酷考验。西伯利亚的严冬降临了，由于纬度高，太阳只是在遥远的南方短暂地一露面就很快躲开了，每天的大部分时间都处在黑夜中。飞鸟走兽也已在严寒来临之时躲藏起来了。探险队在粮食储备耗尽后，只得宰杀用来拉雪橇的狗以供食用。直到最后一条狗被宰杀后，装载笨重器具、物资的雪橇就只得由人来拉了。这时，探险队离开圣彼得堡已经一年多了，艰难的长途跋涉，

彼得大帝雕像

几乎耗尽了探险队员们的体力。他们身体极其虚弱，由于长时间吃不到新鲜食物，大都患上了坏血病。饥饿、严寒和疾病，使探险队员接二连三地死去。还有一些队员则开小差逃离了探险队。坚毅的探险队长白令，激励留下的探险队员们挣扎着坚持走完了最后的500千米路程。当白令率领队员们通过岩石地区，在海岸边的斜坡上看到一望无际的鄂霍次克海时，他并没有像当年发现"温海"的哥萨克人那样欢呼雀跃。他已筋疲力尽，一下子瘫倒在了雪地上。

探险队在鄂霍次克逗留了一段时间，进行休整与补充给养，然后又向东北方向前进，到达堪察加半岛。探险队员们惊喜地发现，在海岸边有好多海狸与海狗。海狸的个头很大，浑身滚圆，长得很肥。海狗成群结队地在海边沙滩上晒太阳，看到人们走近也不害怕，只是懒洋洋地稍微挪一挪身子，似乎要挪个空位子让探险队员和它们一起晒太阳似的，非常好玩。

海　狸

　　白令率领的探险队不久又从堪察加半岛出发，继续向东北方向行进。他们越过楚克奇山脉后，进入与美洲阿拉斯加隔海相望的楚克奇半岛，然后又乘船渡过楚克奇半岛与阿拉斯加之间的海峡，到达了美洲的西北部。1740年7月，白令与探险队员们远远地望见了阿拉斯加山脉的主峰——海拔6 193米的圣厄来阿斯山（现名麦金利山）。那终年积雪的山峰在阳光下闪耀着刺眼的光。亚洲大陆和美洲大陆之间可能存在着一个海峡的猜想，终于得到了证实。

海狗群

兴奋异常的白令命令队员离船上岸去寻找淡水和勘探、调查。他们在岸上发现了一种特产于美洲东部的鸟，因此白令断定：探险队已经登上了美洲大陆的西岸。探险队员还看到了当地的土著，他们中等身材，体格健壮，脸部扁平，皮肤呈浅棕色，眼珠则是黑色。白令认为他们是亚洲人的后裔，他们的祖先肯定来自中国。白令率探险队对当地的地理环境、气候情况、土著的来历、习俗与语言等进行了考察，并在附近海域发现了圣劳伦斯岛、白令岛以及阿留申群岛的一部分。这时，北极的严冬降临了。探险队被暴风雪困在一个叫做"狐狸岛"的荒岛上。他们用海面上漂浮来的一些木头搭建了一个简陋的遮风避雪的小屋，可是很快就被可怕的暴风雪摧毁了。他们只得在一个山脚下的冻沙地里挖一些深坑，在上面盖上帆布，暂避暴风雪的袭击。在这段时间里，好多探险队员都得了坏血病，包括队长白令在内。一名生还的探险队员后来回忆说："队员们一个接一个地死去，我们的处境极为悲惨。那些奄奄一息的人常常躺在活人中间无声无息地死去。早上醒来一摸，才知道左右两人都死了。可是谁也没有力气把死尸搬开，活人只能和死尸躺在一起。"寒风夹着沙粒不断刮进洞口，残忍地折磨着这些探险队员。白令这时已衰弱得站不起来了，他知道自己的生命已到了尽头。他让人把他的半截身子埋进沙堆里，说："这样可以暖和些。"

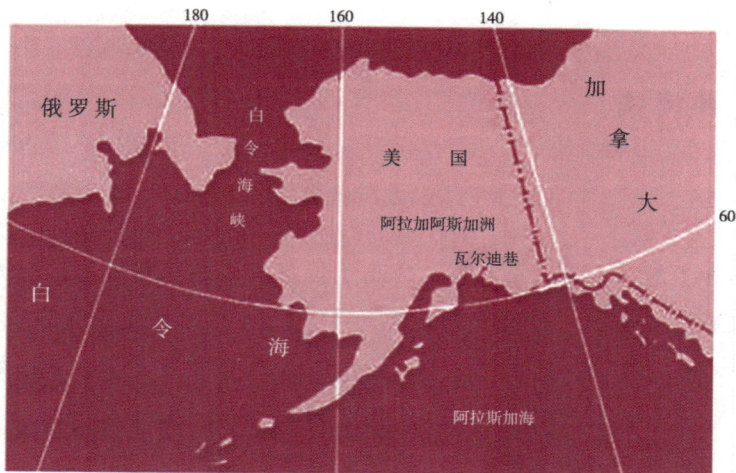

白令海峡示意图

　　1741 年 12 月 19 日清晨，以自己的毕生力量与生命实现了彼得大帝探险心愿的伟大探险家白令平静地合上了双眼，永远离开了人世。幸存的几名探险队员挣扎着把他的遗体埋葬在雪地的沙土中。人们为了纪念白令的功绩，把亚洲大陆与美洲大陆之间的海峡命名为"白令海峡"，并且把白令病死的小岛命名为"白令岛"。

▶▶ 知识点

雪　橇

　　雪橇为雪上运动器材，起源于瑞士山地，后逐渐在欧洲、北美和亚洲等国家流行。雪橇最初为木制，后发展成用金属制作。1924 年被列为首届冬奥会比赛项目。雪橇种类繁多，一般有无舵、有舵、单橇、宽橇、骑式、卧式、连模、牵引、电动、风帆等类型。冬季奥运会只采用有舵雪橇和无舵雪橇两种类型进行竞赛。无舵雪橇为木制，底部滑板为金属。有舵雪橇用金属制成，前部是一对活的舵板。因纽特人一般养狗，主要用途之一就是用来拉雪橇。

延伸阅读

堪察加半岛

　　堪察加半岛位于亚洲东北部，现属于俄罗斯远东联邦管区，分属堪察加州及科里亚克自治区，是俄罗斯最大的半岛。堪察加半岛西临鄂霍次克海，东濒太平洋和白令海，长 1 250 千米，面积约 37 万平方千米。堪察加半岛人烟稀少，遍布着火山（约 127 座），其中有 22 座活火山，还有众多的温泉。植物多为苔原植物。岛上居民唯一的经济活动是渔业。

库克的三次考察发现

历史的车轮滚到 18 世纪，对欧洲人来说，激动人心的地理大发现已成为无限缅怀的往事，世界除了南北极以外，该发现的已经发现了，该命名的也已命名了。然而，犹如一辆所向披靡的战车，开过之后留下一片废墟，轰轰烈烈的地理大发现也使科学家深感众多的海洋探险报告含混不清。英国航海家詹姆斯·库克在澄清海洋地理学的遗留问题方面，做出了最杰出的贡献。

1746 年，18 岁的库克去了一船业公司当海员学徒。当时正是英国向外扩张、激烈争夺殖民地的时期，各海外贸易公司大量招收雇员，皇家海军也不断扩充。同时，皇家科学院为了适应这种对外扩张政策，也鼓励科学家进行海洋探险，发现新的土地。

库克对工作兢兢业业，很快就成了熟练的驾驶员和干练的水手，6 年后，他就被提升为大副。但是，商业航海并不能实现库克的雄心壮志。于是，库克就在 1755 年离开了商船队，辞去了大副的职务，到英国皇家海军当了二等水兵，在装有 60 杆枪的"依格尔"号军舰上服役。他高超的驾驶技术和指挥才能，得到了上司的信任。不到一年，他就被提升为一级准尉水手长，两年后，又被提升为"索尔贝"号军舰的舰长，后又调任"彭布洛克"号军舰的舰长。这时，正是英国和法国为争夺北美殖民地的"七年战争"打得不可开交的时候。英国为从法国手中夺取今美国的路易斯堡和加拿大的魁北克，于 1758 年派库克率舰队赴圣劳伦斯河流域进行探险考察。

库克的任务，是对圣劳伦斯河的水文、地质、河岸等进行调查，为皇家海军舰队打通一条航路。库克圆满地完成了调查任务，并在极为复杂的特拉弗斯河段找到了适合舰队集结与登陆的理想地点。后来，英国皇家海军按照库克的报告，先派兵攻占了路易斯堡，后进攻魁北克，进而征服了加拿大，库克因此而升为英国驻北美舰队的旗舰舰长。

"七年战争"结束后，库克给皇家海军写了申请报告，要求专门进行海洋探险。他的要求得到了满足。不久，他指挥纵帆船"格伦维勒"号到纽芬

库克船长画像

兰，专门对那里的海岸带进行调查。1766 年，库克在英国皇家学会做了纽芬兰的日照、植物生长和人类居住情况的专题报告，引起了轰动，使他成为当时最有影响的人物之一。

正当库克准备对北极海域考察时，一项新的任命降临到他的头上，这项任命决定了库克以海洋探险为终生职业。当时英国皇家科学院决定到南太平洋塔希提岛进行天文观测，要求海军派船执行这次任务，皇家海军就派库克去指挥这次远航。

从 1768 年库克指挥考察队在塔希提岛对金星进行观测时起，到 1775 年返回英国为止，库克是在南太平洋的万岛之间度过的。在此之前，英、法有不少海洋探险家到过此地，但他们多数人只到过澳大利亚和新西兰的某些海岸及其他一些岛屿。当时人们认为，在地球的南部存在着一个南大陆。库克决定亲自去考察，以证明南大陆是否存在。他得到了皇家科学院的支持。

库克的考察分为两个阶段。第一阶段，是在塔希提岛进行天文观测；第二阶段，是去寻找南大陆。此时已晋升为上尉的库克，把一艘独桅运煤船改装成探险船，命名为"奋斗"号。

1768 年 8 月 25 日，"奋斗"号载着几十名科学家离开了普利茅斯港，经过 8 个月的航行，到达了塔希提岛。他们从 6 月 3 日起，对金星进行一个月的观察。与此同时，库克还对岛上的波利尼西亚土著居民进行了考察。

天文考察结束后，库克离塔希提岛南航，前去寻找南大陆。南太平洋的秋天，气候非常恶劣，"奋斗"号经常处在风浪之中。到达南纬 40°后，眼前仍是茫茫大海，没有任何陆地的影子。10 月 7 日，库克决定转舵向西，到达了新西兰东海岸。早在 1642 年，法国探险家塔斯曼就发现了新西兰，但他没有弄清这个岛的真实情况，错误地以为这是南大陆北部的海角。库克一行沿新西兰东海岸北上，到达北角，然后又沿西海岸南下，横穿南、北两岛之间的海峡，又从南岛的东海岸绕过西南角北上，确凿地证实了新西兰并不是大陆，而是南北毗邻的两个岛屿，纠正了塔斯曼的错误。现在新西兰的南岛和北岛，就因此而得名；两岛之间的海峡，也以库克的名字命名。

"奋斗"号模型

海洋上的生活是艰苦的。库克以前的许多探险家，往往因为船上卫生条件差，生活艰苦，缺少蔬菜，船员染上坏血病大量死亡而导致探险失败。库克深知这一点，他特别注意船上的卫生和船员的饮食，并和随船医生一起研究了各种抗坏血病的水果和植物，发现柠檬可以抗坏血病，于是就给船员大量饮用生柠檬汁。所以，他的船员没有一人得坏血病。后来，英国的航海者就被人称为"柠檬子"。

抗坏血病水果——柠檬

弄清新西兰的真面目以后，库克准备到巴塔维亚去检修船只，然后回国。但强烈的探险欲望，使他决定在修船之前到澳大利亚进行考察。他们从新西兰西海岸出发，驶向塔斯马尼亚，希望在那里发现大陆，因为库克一直以为塔斯马尼亚与澳大利亚是连成一片的大陆。1770 年 4 月 21 日，"奋斗"号到达了塔斯马尼亚的东南角，然后往北。为了避风，库克把船锚泊在巴塔尼湾，准备登岸寻找补给品。但当地土著居民早就对白人怀有戒心，用棍棒和刀箭来迎接他们。库克只好沿澳大利亚东海岸北上。7 月，库克发现前面的航路被阻塞了。原来，他们进入了大堡礁海区，巨大的珊瑚礁把"奋斗"号牢牢地围困住。库克和他的 118 名考察队员潜入海底，炸掉珊瑚礁，终于打开一条通路，把船驶进了一个河口。经过休整，他们又继续北上，到达了约克角。

这时库克才确信，新几内亚同澳大利亚是分离的，因为它们之间隔着一个海峡。其实，早在这些之前，葡萄牙航海家托雷斯就发现了这个海峡，并以他的名字命名。库克发现这里岛屿和珊瑚礁星罗棋布，就把它们详细绘入了海图。

1770 年 11 月，"奋斗"号抵达巴塔维亚，但蔓延着的痢疾和疟疾，夺走了库克船队 1/3 船员的生命。

1771 年 7 月 12 日，"奋斗"号回到了英国。库克的这次航行，并没有发现什么"南大陆"。英国政府就又任命库克为总指挥，再次组织寻找新陆地的航行，对南纬 40°以南的地区进行考察。破损不堪的"奋斗"号早已不能再担当这项任务了，皇家科学院又拨给他两艘独桅船，一艘名为"果敢"号由库克指挥，并首次装上了天文钟；另一艘"冒险"号由托拜厄斯·弗尔诺指挥。他们于 1772 年 7 月 13 日起锚驶向南大洋。

过好望角后，库克的船队便向东南驶去，以寻找 1739 年法国人布维特发现的一个海岛。布维特认为该岛是南大陆的顶端，库克不同意这个看法。他按照布维特所说的纬度考察。越往南走气候越寒冷，冰雪寒风扑面而来，令人难以忍受，但船队仍然勇敢地前进。1773 年 1 月中旬，他们进入了南极圈。巨大的冰山迫使他们中断了探险，船队不得不向北行驶。后来他们到达了克尔格伦岛和克罗泽群岛。这两个岛都是因法国探险家克尔格伦和克罗泽在此遇难而命名的。这是库克在南纬 40°以南看见的唯一陆地。然后，他们向东驶向澳大利亚东海岸。海上罕见的大风和大雾，使"果敢"号和

"冒险"号失去了联系。直到 5 月份，他们才在新西兰西部海域重新会合。此时，库克通过实地考察，已证明南半球 1/3 的水域中根本不存在什么大陆。

在新西兰修船整顿之后，库克的探险队花了几个月的时间，在新西兰以东的南纬 41°至 46°之间进行了广泛的考察，因为这里还从未有人考察过。库克在到达皮特克思岛后，转向西北，再一次抵达塔希提岛。然后，又对汤加群岛进行了考察。库克曾把这个群岛命名为友谊群岛，但它并不是库克首先发现的，早在 1643 年，塔斯曼就对这些岛屿进行过考察。

在返回新西兰的途中，他们又遇上了大风，"冒险"号再一次失踪，库克虽经多方寻找，但在他返回英国之前，始终没有找到。弗尔诺指挥的"冒险"号与库克失掉联系后，于 1773 年 11 月底离开新西兰，在南纬 56°至 61°之间向南航行，绕合恩角返回英国，成了第一个从东线绕地球一周的航海家。

与此同时，库克指挥的"果敢"号再一次进入高纬度海域，进行"之"字形的考察航行，先后两次进入南极圈，最远到达南纬 71°。库克证实，南半球只有澳大利亚和南极这两块不毛之地可以称作大陆，并不存在什么"南大陆"。

随后，库克又奉命北上，去发现太平洋中部未被发现的地方。他在南纬 40°至 10°之间进行了探险，但没有任何新的发现。他对马克萨斯群岛进行了详细的测绘，这里虽在 170 年前就被门达那发现，但并没有人进行过考察。然后，库克又第三次来到塔希提岛，并在那里逗留了几个月。随后又对社会群岛、友谊群岛、圣埃斯皮里图群岛进行了测绘，并把后者命名为新赫布里底群岛。此外，库克还发现并命名了新喀里多尼亚群岛、派恩斯岛和诺福克岛。1775 年 7 月 29 日，库克的"果敢"号返回英国，胜利地完成了第二次探险。

由于探险考察的卓著成绩，库克被英国皇家学会正式接收为会员，并荣获了"科普利"金质奖章；同时，皇家海军也任命他为小舰队的上校舰长。

1776 年，库克奉命进行第三次探险。这一次是驶过北极海，打通太平洋到大西洋的北部航路。这是英国政府梦寐以求的一条航路。库克的船队又一次来到了塔希提岛。在上一次探险时，库克曾把一名土著居民的小头目带回

北极海融化的冰块

英国。这位土著居民受到了国王乔治三世的接见。乔治三世以个人的名义送给塔希提岛居民各种礼物，包括奶牛和各种家禽。库克兼作特使，送这位土著居民和礼品回岛。

1778 年 1 月 18 日，库克发现了夏威夷群岛。这里绿树成荫，风和日丽，一派升平景象。当地的居民像迎接天神一样欢迎了库克的到来。忠实于皇家

美丽如画的夏威夷岛

海军的库克，为了表示他对海军大臣桑威奇的恩德，就把这个群岛命名为桑威奇群岛。库克在这里补充了淡水、新鲜水果、蔬菜和粮食后，又继续北上。3月7日，他们到了北纬45°的北美西海岸。此时，海上风暴把船帆撕破了，桅杆也发生了倾斜，不修理就无法再继续航行了。实际上，这次探险的准备工作一开始就做得马马虎虎。"果敢"号经过几年的海上漂泊，已经破损了，他们只作了小的修补；另一条独桅探险船"发现者"号，也是没有很好修理的旧船。所以，两条船一开始就不断出毛病。库克和他的船员们虽然凭着丰富的航海本领，边行驶边修补，但船只仍旧经不起长久的风吹浪打，因而不得不在加拿大的鲁帕特港整修。

到达北纬60°时，库克发现海岸突然向西延伸，形成了一个很大的海湾，这就是阿拉斯加湾。库克沿着阿拉斯加半岛的南岸进行详细的考察。这里经常出现浓雾，他们又没有这一带的海图，库克完全凭着自己丰富的航海经验摸索着前进。后来，库克穿过阿留申岛链海区，进入了白令海峡，一直驶到北纬70°的海区。由于这里出现了冰山，而且寒冷异常，库克断定他们已进入了北极海域。巨大的冰山阻止了他们的前进，他们不得不返回夏威夷群岛。

船队驶近夏威夷群岛时，只见约1 500艘独木舟直向他们驶来，很快包围了船队。库克看着四周黑压压一片的独木舟，心里不免吃惊。后来他才知道，这是一种当地最隆重的欢迎仪式。过了几个星期，船队驶离夏威夷。不久，海上刮起了暴风，大雨随之倾盆而下，两艘船在暴风雨中挣扎着前行。风雨越来越狂暴，终于，一艘船的前樯被暴风吹断。库克只好命令船队返回夏威夷。

回到岛上，船员们和当地居民的关系逐渐恶化。2月13日晚上，船上的一艘大型救生艇不见了。库克认为是被偷走的，第二天一大早，他在10名武装人员的护卫下前去交涉。正在双方僵持不下的时候，突然传来了当地酋长被库克船上的大炮打死的消息。这一来，围在四周的土著居民愤怒起来，向库克冲了上去。库克和船员们边抵抗，边向海边退去。土著居民们手执长矛、棍棒和石块紧追不舍。混战中，库克被长矛刺中倒地身亡。

库克死了以后，"发现者"号船长克利尔克虽被打伤，但仍指挥船员把船修好，带领探险队再次北上。克利尔克船长病死途中，另一位船长接替指挥，取道我国广州，绕经好望角，于 1780 年 10 月返回英国，结束了库克没有完成的这次贯穿三大洋的探险。

库克三次探险，每一次都作了详细的记录，在航海探险、测绘海图及航海卫生等方面取得了卓越的成就，他最大的科学成就在于澄清了地理大发现时期遗留下来的许多捉摸不定的问题，并对新发现的印度洋和太平洋的几乎所有岛屿进行了详细的考察，确定了精确的地理位置。

知识点

珊瑚礁

珊瑚礁是以珊瑚骨骼为主骨架，辅以其他造礁及喜礁生物的骨骼或壳体所构成的钙质堆积体。在深海和浅海中均有珊瑚礁存在。珊瑚礁为许多动植物，比如蠕虫、软体动物、海绵、棘皮动物和甲壳动物等提供了生活环境，此外还是大洋一带的鱼类的幼鱼生长地。按形态可划分为岸礁、堡礁和环礁 3 种类型。

延伸阅读

好学的库克

1728 年，库克出生在英国约克郡莫尔顿市的一个贫寒之家。家境的贫寒使得库克只读了 3 年书就辍学了，跟随父亲去做工。一个偶然的机会，库克随父亲来到了离家几百千米以外的海滨城镇赫尔。一望无边的大西洋展现在他的眼前。连天的波涛，深邃莫测的海水，绵亘不断的海岸，往来穿梭的航船，将库克深深吸引住了。从这时起，库克就立志献身海洋，当一名探索海洋的勇士。

库克知道，要想当一名海洋探险家，必须得有精深的天文知识、熟练的驾船本领和海上指挥的能力。为了实现自己的远大理想，只读了 3 年书的库克，一边帮助父亲干活，一边自学，刻苦地钻研天文学和数学，这为他以后成为一个出色的航海家奠定了坚实的基础。

是谁发现了南极大陆

1819 年 10 月，英国的捕鲸船船长威廉·史密斯在捕一条逆戟鲸的时候，他的船不幸触礁搁浅。他到了位于火地岛正南方的南设得兰群岛。在当时，这是人们发现的最南的一块陆地，这个群岛的最南部为此而称为史密斯岛，位于南纬 63°。但史密斯满脑子都是卖鲸赚钱的念头，对探险及发现新大陆并无兴趣，所以他修好船以后又去寻捕鲸了。相反，美国康涅狄格州的海豹捕猎者纳撒尼尔·帕尔默船长却有一颗充满幻想的头脑。他离开美国时以高价买了一份世界地图，仔细端详南方的一片未知地方，并且相当自信地告诉别人那里不仅有海豹，而且还有黄金。

逆戟鲸

帕尔默在人们的嘲笑声中兴致勃勃地驶向南方，但是严峻的气候使他很快清醒了。不要说黄金，连海豹都没见到几只。他的"英雄"号船在茫茫的大洋中徒劳地游弋了近一个月，几乎一无所获。

一个月黑风高的深夜，他突然惊呼起来，命令船员加速向南行驶，因为上帝在梦中对他说：前面有个大的海豹猎场。船员们对他的怪异行为早就习以为常，在哄笑一阵之后，扯帆急行。淡淡的晨雾中出现一片模糊的黑影。帕尔默大喊："海豹，海豹!"船离黑影越来越近了，但帕尔默顿时目瞪口呆了，因为那些黑影根本不是成群的海豹，而是一片荒凉无比的陆地。

船员们大失所望，但帕尔默的黄金梦在他的脑袋里复活了。他兴奋异常，让船靠岸登陆，在冰雪之中挖掘了几天，只刨出几块普普通通的石头。船员们再也忍无可忍了，大吵大嚷要求返航。帕尔默答应了，但提出，在返航之前在岛的最高端遥望一下。船员们默默地跟随在他后面费力地爬上一座高峰。帕尔默举起单筒望远镜环顾着四周的海洋。当镜筒朝向南方时，他失声叫了起来："啊哈，那里就是埋藏黄金的地方!"

单筒望远镜从他手里传给将信将疑的船员们，他们大吃一惊，因为在镜筒里出现一片连绵逶迤的山岳地带，并且有着更厚的冰层和更苍凉的景色。帕尔默哈哈大笑表示到那儿去宣布该地属美国所有，政府就会给他们黄金，这比猎杀海豹更能发财。

船员们再次听从了帕尔默的指挥。他们登船起锚，并且把一面皱巴巴的美国国旗洗净熨平，准备举行仪式时使用。这时，浓雾从南边的海面上飘来，"英雄"号立刻不辨东西，只好随风漂泊。浓雾弥漫了半个多月，船也不知到了什么地方。有一天，急不可耐的帕尔默无意之中拉响了汽笛，岂知在浓雾中传来了回音，他认为前面就是陆地了，让船员们作好登岸的准备。接着他又拉响了汽笛，果然又传来了回音。他们抛锚停航，等待雾散。

雾果真及时地散了，简直是不可置信，"英雄"号面对的根本不是大陆，而是夹峙在两艘大帆船中间。帕尔默赶紧下令挂起美国国旗，与此同时那两艘大帆船也分别挂起了俄国国旗。俄国船派了一艘小艇到"英雄"号邀请帕尔默到他们的船上做客，这时他才知道他们是沙皇亚历山大一世派遣的南极考察船。

原来，在1819年，由于俄国在西伯利亚进军的成功，沙皇的海军船只开始在世界各地游弋了。7月16日，沙皇派出费边·戈特利布·别林斯高晋为船长，率领"沃斯土克"号和"米尼"号首次往南极探险。别林斯高晋是位雄心勃勃的年轻人，他发誓要在新大陆立足。他根据库克船长的航线，选择最佳路径向南挺进。从 1819 年 12 月到 1820 年 3 月和从 1820 年 11 月到 1821 年 2 月的两个南半球的夏天，他完成了继库克之后的第二次人类环南极航行，航行绝大部分处于南纬60°之南，并 6 次穿越南极极圈。但是，整个航程除了发现两个岛，分别命名为彼得一世岛和亚历山大一世岛外，南极大陆毫无踪影……

帕尔默的"英雄"号和别林

别林斯高晋

斯高晋的船队竟然在冰山不绝、荒无人迹的南极海相遇，真是不可思议。

在俄国船的宴会上，帕尔默为他的发现守口如瓶，别林斯高晋也讳莫如深……时隔 100 年之后，谁第一个发现南极大陆却成了悬案：今天的大多数美国的南极研究者都认为，功绩属于帕尔默；但前苏联的学者却确定，别林斯高晋的航海日志表明，他已经记载了南极半岛；至于英国，则坚信首先发现权应归于布兰斯费尔德——他在 1820 年曾绘制过南设得兰群岛的地图。

南极大陆

知识点

极　圈

极圈是根据太阳光确定的极区永久界限。在地球上，在南半球为南极圈，即南纬66°34′的纬线圈。在北半球为北极圈，即北纬66°34′的纬线圈。极圈是地球上地域划分的界限，也是全球划分气候带的界限。全球共划分为5个气候带（热带、副热带、南北温带、南北寒带、极地带），南极圈是划分南温带与南寒带的界限；北极圈是划分北温带与北寒带的界限。

延伸阅读

南极大陆

南极大陆是指南极洲除周围岛屿以外的陆地，是世界上发现最晚的大陆，位于地球的最南端。在全球6块大陆中，南极大陆大于澳大利亚大陆，排名第五。南极大陆95%以上的面积为厚度惊人的冰雪所覆盖，素有"白色大陆"之称。南极大陆是世界上最为寒冷的地区，年平均气温只有−25℃，最冷气温为−89.6℃，比北极要寒冷许多。由于地理位置特殊，南极大陆上有许多独特景象，比如，南极光、南极幻日以及南极风暴等。

寻找尼日尔河入海口

19世纪初期，欧洲进入了拿破仑时代。拿破仑大军所到之处，敌军望风而逃。这种局势，一直到一代骄子拿破仑在滑铁卢惨遭败绩之后才有所改观，欧洲国家渐渐地从战争的狂热中冷静下来。在这场战争中，英国政府为了维护帝国的殖民势力，极力反对拿破仑在非洲继续扩张。为了确保英国在西非的重要据点，英国政府希望寻找到尼日尔河的出口，揭开尼日尔河蕴藏着巨大宝藏的谜底，并了解尼日尔河两岸地区的政治、经济和军事情况。

1824年9月，伦敦方面派出一个三人探险组，继续寻找尼日尔河的正确方位。这个新三人探险组是由海军上尉渥特·乌得涅和休福·克拉伯东以及陆军士官狄克生·第南组成。他们利用惠桑与波奴在政治上的往来关系，选择了一条危险性比较小的行进路线。

当时，波奴的苏丹正和邻近的诸国处于战火之中，波奴苏丹希望得到惠桑苏丹的支持，因而乌得涅他们就从的黎波里出发，经惠桑前往波奴。

拿破仑（油画）

他们的行程果然很顺利。乌得涅、克拉伯东和第南跟着南行的商队，很快就找到了乍得湖。根据他们留下来的记载，我们现在知道，当第南指着远处在阳光下熠熠闪烁的一条银带让乌得涅和克拉伯东看时，乌得涅和克拉伯东用手遮着刺眼的阳光，眯着眼看了好一会儿，他们有些激动，简直不敢相信自己的眼睛，在这荒无人烟的大沙漠中，竟然会有这么大的湖。

三个人几乎同时朝着乍得湖狂奔而去，他们激动得不能自已。在这世界最大的沙漠里，他们跋涉了11个月，虽然还没有找到尼日尔河的出口，却很意外地找到了乍得湖，成为首次看到乍得湖的欧洲人。

根据莱恩上校的考察结果，只要找到乍得湖，就能找到尼日尔河，尔后再顺流追踪，尼日尔河的出口处也就不难探寻了。这怎么能让他们不激动呢？

尼日尔河从西面流进乍得湖，后由东流出，最终汇入尼罗河。他们觉得只要沿着湖边走一圈，就可以察知尼日尔河的踪迹了。

　　第二天的探察却大大令人失望，因为他们调查的结果根本无法解开尼日尔河之谜：从乍得湖西面流入的河没有一条像尼日尔河那么大，而且，乍得湖也没有向东流出的大河。尼日尔河究竟到哪里去了呢？乌得涅、克拉伯东和第南百思不得其解。于是，他们决定兵分两路，第南沿着沙里河往东南方向行进，而克拉伯东和乌得涅则设法通过哈沙族统治的地区，向西而行去寻找尼日尔河。

尼罗河

　　克拉伯东和乌得涅的西行路线，正是当年霍勒曼的探险路线。他们两人企图通过卡诺前往卡西那，但在这一段的旅途中，乌得涅死于一种不知名的疾病，克拉伯东独自一人走完了到卡诺的路程。

　　离开卡诺之后，克拉伯东来到了福拉尼族的首都索可托。当时，索可托只有短暂的历史，远远不如卡诺那么有名气，可这个地方却比卡诺大得多。福拉尼族的首脑穆罕默德·贝尔罗在西部苏丹地区有一定的势力，他与外部世界的来往比较多，相对来说，这一地区也较为开放。穆罕默德·贝尔罗对来自英国的克拉伯东以礼相待，但他在克拉伯东说明了自己的意图后，却不赞成克拉伯东去寻找尼日尔河。贝尔罗诚恳地告诉他，尼日尔河离这里实在太远了，至少还有240千米的路程，而且此去道路艰险。克拉伯东认为，自己既然不远万里，远涉重洋，穿越撒哈拉大沙漠，经历种种艰险，又承受了同伴不幸染疾身亡的沉重打击，到达了今天这个地方，就没有理由不走下去。于是，克拉伯东断然拒绝了穆罕默德·贝尔罗的建议，要求去探寻尼日尔河。贝尔罗作为福拉尼族的首领，不想和这个苏格兰人争执。他希望和英国建立友好的关系，促进通商，从英国购买枪支以保持自己在这一地区的势力。同时，贝尔罗还想雇请英国的医生到自己的宫廷来。最后，克拉伯东在穆罕默德·贝尔罗的建议下，接受了他派遣的护卫队的护送。在克拉伯东告别索可托时，贝尔罗写了一封信，请克拉伯东转交给英国国王。在这封信中，索可托方面明确表示要和英国建立贸易通商关系，并请求英国国王的帮助，终止目前存在的奴隶买卖。

撒哈拉沙漠

　　克拉伯东对尼日尔河的探寻毫无结果，在无功而返的归途中，意外地在古卡瓦碰到了第南。当时在乍得湖分手时，克拉伯东、乌得涅和第南相约成功后再见，但到相见时却没有了乌得涅的身影。克拉伯东和第南相对无语，但是，他们不甘失败，再次从乍得湖出发去找尼日尔河。他们走了两年多的时间，穿越了撒哈拉沙漠，克服了难以诉说的困难与障碍，最后还是没有寻到尼日尔河，更无法确定尼日尔河到底流向何方。他俩由乍得湖经过墨尔苏奎，最后抵达的黎波里。这段旅程他们走了4个多月，时间是1824年的9月中旬一直到第二年的1月底。

在从乍得湖到的黎波里这段归途中，克拉伯东和第南相处得并不愉快。克拉伯东因为不能去通布图，也没法到达尼日尔河，一趟撒哈拉沙漠探险最终无功而返，实在是令他耿耿于怀。第南在他后来撰写的书籍中叙述说："到波奴旅行所遭遇到的困难与疲惫，实在是不能与回程相提并论。从伊兹亚到盖提里这段路就走了整整九日九夜。途中，没有牧草，没有树木，整个世界仿佛死了一般，那一种寂寥，无论对人还是骆驼而言，都是一种难以用笔墨来形容的痛苦。实在没有料到，在这次旅行接近尾声时，竟会有这样的遭遇……"

在两年前的出发地——的黎波里，克拉伯东从当地的英国领事溪马·渥林东那里听到了一个消息：政府有关部门和民间组织将援助亚历山大·雷因前往尼日尔河探险。由于对尼日尔河与通布图探险屡遭失败，英国政府又把希望寄托在雷因身上。

克拉伯东经历了这次探险之后，相信自己已经得到了关于尼日尔河的秘密。他认为，既然尼日尔河没有流入乍得湖，那么从尼日尔河的上游地区顺流而下，就一定能够找到尼日尔河的出口，这个出口处将在大海中的某个港湾。但尼日尔河从什么地方注入大海却没有答案，这实在令克拉伯东头痛。

克拉伯东不枉此行的是成功地到达了卡诺，并对那里的民情风俗和风光景致做了详细的描绘。克拉伯东回到伦敦后，将这些文字记录整理并发表，一时名噪雾都。他带回的贝尔罗给英国国王的函件，令英国王室和政府官员们感到欣喜。

为了要抢在雷因之前，成为第一个发现尼日尔河的人，两个月后，克拉伯东乘坐"布莱生"号轮船，和巴特上尉以及克拉伯东的仆人理查·兰德，还有两名医生、两名黑人奴隶，再度寻找尼日尔河。

克拉伯东一行抵达贝宁湾的巴塔力后，上岸开始进行尼日尔河的探寻，但在仅仅数百千米的行程中，巴特上尉、医生、黑人奴隶都先后命归黄泉。克拉伯东和理查·兰德在向北方索可托前进的道路上，终于在布沙瀑布看到

尼日尔河

了尼日尔河。

渡过尼日尔河之后，克拉伯东继续北上，他要到卡诺去找贝尔罗，希望得到他的保护。但此时贝尔罗忙于与波奴之间的战争，对与英国建立联系已无暇顾及。同时，贝尔罗也反对克拉伯东到波奴的领地去旅行，他认为克拉伯东这一举动是对福拉尼族不友好的表示。但经过克拉伯东耐心细致的解释之后，1827 年 2 月，贝尔罗终于同意送克拉伯东从尼日尔河航行到大海，以满足他的平生愿望。眼看成功就在眼前，克拉伯东却患上了疟疾和斑疹伤寒症，病情日益严重，拖延到 3 月份，克拉伯东已不能动弹了。兰德在他的身边悉心地照料着，但一切都无济于事，依然无法挽回克拉伯东的生命。1827 年 4 月，克拉伯东带着终生的遗憾死去，年仅 39 岁。

克拉伯东的死，使兰德的探险越发困难了。内陆地区的各土著部落对于从欧洲来的探险家有着很深的成见，兰德不能也不敢轻易地相信任何人。他知道，凭借自身的力量是无法完成尼日尔河的探寻任务的，眼下唯一的出路，就是把克拉伯东遗留下来的大量关于尼日尔河探险的资料带回伦敦。他要好好地研究这些资料，向这条神秘的河挑战，完成克拉伯东的未竟之业。

一年后，兰德回到了英国，他把克拉伯东的遗物送交给政府有关部门，并报告了这次探险活动。

转眼又过了两年，理查·兰德经过认真的筹备，认为实现诺言的日子到了。新年一过，他带着弟弟约翰·兰德，在政府的资助下再次探寻尼日尔河。

兰德兄弟的探险活动在到达布拉斯达文之前遇到了麻烦。他们谁也不曾料到，在南部非洲的沙漠地区，一夜之间居然会冒出如此之多的蝎子，令他们几乎丧生异乡。值得庆幸的是，他们离布拉斯达文已经不远了。理查·兰德搀扶着被毒蝎蜇伤的约翰·兰德来到布拉斯达文，经过当地巫医的治疗，约翰的伤很快就痊愈了。

毒 蝎

在布拉斯达文，兰德兄弟终于找到了他们朝思暮想的尼日尔河入海口。站在坡岸上，望着尼日尔河汩汩流入大海，兄弟俩禁不住流下了热泪。

尼日尔河示意图

数日之后，兰德兄弟绘出了尼日尔河走向的草图，这条令欧洲人神往已久的神秘之河，终于被揭开了面纱：尼日尔河起源于冈比亚，到巴马科，向上到卡巴拉，尔后拐了个弯，直泻布沙，最后往东南方向注入几内亚湾。

→ 知识点

苏 丹

本文所讲的苏丹指的是伊斯兰教中的一种头衔，旧译"算端"、"速檀"、"锁鲁檀"、"苏尔坦"等。最初是指阿拉伯语中的抽象名词"力量"、"权力"或"统治权"，后来用来代表穆斯林统治者。苏丹在其任内握有几乎全部的宗主权，但不拥有伊斯兰王权。另外，苏丹也用来指回教国王管区内的国家的有权统治者。而苏丹所统治的王朝与区域则称为苏丹国。

延伸阅读

尼日尔河

尼日尔河是西非的最大河流，也是仅次于尼罗河和刚果河的非洲第三长河，全长约 4 100 千米。尼日尔河发源于几内亚富塔贾隆高原东南坡，流经马里、尼日尔、贝宁、尼日利亚等国，最终注入几内亚湾，流域面积约 209 万平方千米。总体来看，尼日尔河水力资源丰富，支流众多，有利于航行，且富藏石油，入海口处形成巨大三角洲，河面上已建有不少水利枢纽工程。

斯文赫定对中国的地理考察

斯文赫定 1865 年诞生于瑞典首都一个中产阶级家庭，当时的西方地理学界处在整个知识界向地图中的空白点宣战，征服极地的船队一支支驶出港湾，单枪匹马的无名之辈因为测绘了一条热带雨林中的河流或标明某个处女峰的海拔高度可以一夜间扬名天下的氛围下。这样的环境使斯文赫定对未知世界有一种执著的迷恋。所以，当19岁时（中学刚毕业）获悉有机会到遥远的巴库做家庭教师，他就毫不犹豫地踏上了离乡之路。工作结束后，他以所有的薪金为路费，到波斯及中东进行了首次考察旅行。

斯文赫定

1886年秋天，斯文赫定进入大学学习。拜著名地理学家李希霍芬教授为师，用了3个月，在1891年7月28日获得博士学位。1890年4月，斯文赫定再次踏上远赴中东的征途。作为瑞典王国外交使团的翻译，他圆满完成了任务，并在国王支持下，开始了它在亚洲的第二次探险旅行。1890年12月，他由俄国进入中国新疆，抵达中亚名城喀什。1891年1月初，斯文赫定离开中国，返回瑞典。1893年10月16日，斯文赫定又一次离开故乡，前往亚洲。1894年2月进入帕米尔高原，并在慕士塔格山脚下住了一段时间，曾几次试图攀登这个名副其实的"冰山之父"达6300米处，但未能最终登顶。

1895年4月10日这一天，斯文赫定的驼队离开了麦盖提的拉吉里克村，驼队有够一行食用三四个月的粮食、全套皮大衣、冬装以及长短枪，还有从气温表到测高仪等一应科学仪器……可是，唯独没有带上足够的饮水！因而精良装备没有起到应有的作用。在穿越叶尔羌河与和田河之间的广袤沙漠时，缺水几乎葬送了整个探险队！几天之后驼队就耗尽了所带饮用水，在此后行程中，他们喝过人尿、骆驼尿、羊血，一切带水分的罐头与药品也是甘露。和田河可望而不可即的河岸林带，赋予了他们超常的毅力，可是当他们最终挣扎着来到和田河时，却发现那实际上是季节河，这个意外使驼队几乎崩溃。但幸运的是，和田河中游一处全靠旺盛泉水才保持在枯水期也不干涸的水潭拯救了他们。此后，探险家斯坦因、瑞典科学家安博特都找到过这个水潭。

他们最终丧失了全部骆驼，牺牲了两个驮夫，放弃了绝大部分辎重，遗失了两架相机和 1 800 张底片，从此塔克拉玛干沙漠有了一个别名——"死亡之海"，斯文赫定则从灭顶之灾中获取了受用终生的教诲。

此后的探险途中，他用铅笔速写代替照相，竟然造就了一个极具个人特点的画家，一生留下了 5 000 多幅画。因缺水"败走麦城"，导致此后 40 年探险生涯铭心刻骨的教训就是选择冬天，携带冰块进入沙漠。在无边沙漠夺路而走，却将他引导到了一处处重要古城的遗址：丹丹乌里克、喀拉墩、玛扎塔格戍堡……直到发现楼兰古城。

和田河

1899 年，斯文赫定又在瑞典国王的资助下，在新疆进行了第二次考察探险。

1900 年 3 月，斯文赫定率队进入罗布泊考察湖泊地理情况，同时也希望发现一些可能存在的远古之谜。在完成考察湖泊游移项目起程退出罗布泊的一天，维吾尔族青年奥尔迪克返回前一天的营地寻找探险队丢失的铁铲时，忽遇沙暴，奥尔迪克在天昏地暗中为沙暴吹袭，迷失方向，不知走到了什么地方。当风沙停了下来，他才发现自己已身处一片废墟中。他十分惊讶，他不仅看到残垣断壁，巨大的房梁，还有遍地的碎陶片和浮露于地表的佛珠、铜钱等，凭他对斯文赫定的了解，知道这些也是探险队想找的东西，因而奥尔迪克捡了几片雕刻残片揣在怀中，凭着自己对荒漠的辨别能力，返回了营地。第二天，斯文赫定看到了木雕残片，十分激动，他意识到，这是一处古代文明的遗址，并且，十分可能是一处使自己闻名于世的重大发现。由于他们所剩余的水已十分紧缺，而匆忙前往发掘是不可能的事情，为了生存，他们将考察楼兰的计划留到第二年春天。由于他们发现楼兰的时间是 3 月 28 日，从此，这一天成了后人纪念楼兰发现的日子。

　　第二年春天，斯文赫定进行新的准备，在奥尔迪克的带领下，率领一支探险队直奔楼兰遗址，进行了掠夺式的发掘，获得大量出土文物并带回欧洲。斯文赫定回到欧洲便把文物资料送给德国学者希姆莱和孔位特进行分析研究，根据资料把遗址定名为"楼兰"。斯文赫定的发现和有关文物的分析，引起了欧洲学术界的震动，引发了新一轮的楼兰探险考古热，楼兰从此成为中外各自抱着不同目的的探险家或学者的目标。

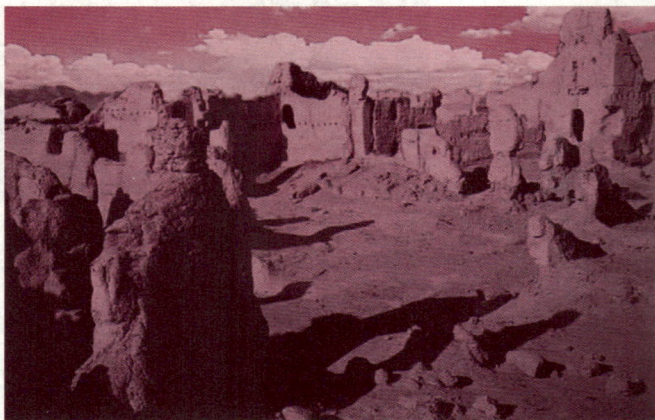

楼兰古城遗址

　　1907 年，斯文赫定第四次来中国，他的主要目标是西藏。在这以后斯文赫定再次踏上中国的大地，是 1926 年的冬天。这次他不是单枪匹马前往中国，而是带来了一支由瑞典人、德国人及丹麦人组成的探险队。但考察还在筹备中，就遭到北京学术界的一致反对。经过近 6 个月的谈判，斯文赫定终于和北京的中国学术团体协会就即将进行的考察达成了协议。协议的最重要部分是：本次考察由中国瑞典双方共同组成中瑞中国西北科学考察团；吸收了 5 名中国学者和 4 名中国学生；考察团采集和挖掘的一切动植物标本、文物、矿物质样品等，都属于中国所有。

　　1927 年 5 月 9 日，斯文赫定和徐炳旭率领一支空前规模的现代化科学考察队离开北平，前往中国西北。

　　1933 年 10 月 21 日，斯文赫定等受当时南京中央政府铁道部门委托，考察修建一条横贯中国的交通动脉的可行性。1933年夏天，斯文赫定提出了优先考虑新疆的问题，其具体措施，首先是修筑并维护好内地连接新疆的公路干线，进一步铺设通往亚洲腹地的铁路。把着眼点放在加强内地与新疆的联系上，这是自辛亥革命以来具有远见卓识、忧国忧民的中国政治家、学者一再强调的共识。

整个考察活动从1927年开始到1935年结束，这8年当中的经历、甘苦、成败得失，都记录在了《亚洲腹地探险八年》当中。

斯文赫定对亚洲腹地多次考察，丰富了人们对于中亚文明的认识。他也是重振古代丝绸之路的首倡者之一。20世纪30年代的那次中外联合西北考察，于中国政府而言也有为西北开发做准备的目的。那次考察，推动了中国的科考事业的发展。

▶ 知识点

季节河

季节性河流又称间歇性河流、时令河，指河流在枯水季节，河水断流、河床裸露，而在丰水季节，形成水流，甚至洪水奔腾。季节性河流通常流经高温干旱的区域，而且年平均流量较小，但因暴雨、融雪引发的洪峰却很大。世界著名的季节河有澳大利亚的汤姆森河、乔治娜河。我国的塔里木河也属于季节河。

延伸阅读

对斯文赫定的评价

作为瑞典地理学家与知名探险家，斯文赫定在瑞典家喻户晓，与诺贝尔齐名，在世界范围内他是与哥伦布、麦哲伦、斯科特同样著名的受人尊敬的探险家，他的科学考察报告有许多重要的发现和创建，他的旅行手记广为流传，他的探险精神更为世人所敬佩。在中国的西部，他的探险考察跨度长达40年，他是中国人民的好朋友。北大历史系教授罗新提到斯文赫定时这样说："谈论近代中亚探险，被提得最多的名字便是斯文赫定和斯坦因。从一般意义上看，斯文赫定比斯坦因更具有魅力，他的探险游记更优美可读，他与中国政府及学术界的联系更紧密，他在中国西北土地上留下了更多的足迹和更多的岁月。更重要的是，斯文赫定的大多数探险，并不以'找宝'为目的。斯文赫定继承了地理大发现时代那些伟人的气质和品格。"

南森北极腹地之行

佛里多约夫·南森，挪威人，1831年出生在奥斯陆的一个中产阶级的家庭。南森是他那个时代最伟大的北极探险家，他的探险活动与其他人不同，不怀任何商业及功利性目的，始终把着眼点放在科学研究方面。

南森利用雪橇旅行

在1893年正式踏上去北极点的征程之前，他曾到格陵兰进行过一次徒步穿越全岛的长途旅行。他先乘船到该岛的东岸，然后乘雪橇向格陵兰西岸前进。整整一年，他爬冰卧雪，风餐露宿，忍受着严寒，终于成为人类史上第一个用雪橇横穿格陵兰的人。格陵兰之行使他得到了一个切实的体验：若想北极探险成功，必须自立自足，不应等待外部的援助。

他从格陵兰归国之后，立即着手拟订北极探险计划。他很高兴自己具备了在他以前探险家所不具备的许多知识，尤其是"第一次国际地球极地年"

提供给他许多有关水文气象方面的数据。他对自己的计划充满了信心。

正在这时，一条并不醒目的新闻吸引了他：人们在格陵兰东部海区捞到了一条船的残骸，经鉴定，它正是5年前在西伯利亚东海岸被浮冰挤碎的"珍妮特"号。南森兴奋异常，他认为，既然在东方遇难的船若干年后会在西方见到它的碎片，那么说明北极的冰层下面一定有一股海流。他联想到在格陵兰之行中的发现：当地人总是到海边捞取巨大的漂木作为建造船和雪橇的材料。这些漂木经一位植物学家鉴定，它们大都是西伯利亚的落叶松。他在格陵兰的另一个发现是：在海边流动的漂木中有不少是木片，这些木片属于因纽特人射鸟武器的一部分，与格陵兰人使用的木片不一样，完全是阿拉斯加因纽特人的产品，上面嵌着那一带地区特有的石块。

南森激动不已，他作了个大胆的设想：北极区存在一股由东向西的海流，而这海流很可能会经过北极点：他一直幻想着征服北极点，现在简直可以不费吹灰之力便能达到，只需把自己冻在某块浮冰上，然后由海流把他送到目的地。

南森的计划已经明确了：先乘船到西伯利亚海区，即"珍妮特"号遇难的地点，接着让船与浮冰冻结在一块儿，随着海流漂过北极，到达格陵兰东部海区。当时，破冰船还未问世，如何设计一条适宜在冰海世界中航行的探险船成了一个关键的问题。为此，南森苦心

破冰船

钻研，设法使船体能经受巨大的压力，而形状却像瓜子壳一样，当冰层的压力达到一定程度时，船就被挤到冰块上面；而当压力减少时，船又可下降到水中。他设计并制作的船被命名为"先锋"号，乘员12名，可装载足够5年用的燃料和食品。

1892年，南森兴致勃勃地把他的计划在伦敦的地理学年会上宣读，立即

遭到了他意想不到的嘲笑。一位有 20 多年极地探险经验的老探险家指着南森警告他在那里过不了一个冬天。如果他执意孤行，就别想活着回来。另一位著名的探险家表示，风向是决定浮冰漂流方向的主要因素，劝他不要异想天开。南森并没作补充答辩，便急匆匆回到挪威。

1893 年 6 月 24 日，"先锋"号从奥斯陆扬帆起航。船上有南森自己、船长奥托·斯菲尔德及其他 10 名精心挑选的队员。"先锋"号绕过挪威北端，向东西伯利亚海驶去。他们来到了勒拿河口的哈巴罗夫村。南森在这里买了 35 条拉雪橇的狗。8 月 4 日，他们驶离了这个寂静的极地村庄，向着喀拉海北进。

纷至沓来的浮冰包围了"先锋"号，但它并未被冻住，而是继续向北方艰难地行驶，直到北纬 78°30′ 的地方船才停住。这里距北极点还有 1 300 千米的路程。这时，漫长的极夜已经开始，气温也急剧下降。南森已经和外界没有任何联系，满眼是漫漫风雪，茫茫暗夜，而耳边却是大自然的鬼哭狼嚎。每到晚餐，他们围坐在船舱里，喝酒谈笑，其实每个人都惶恐不安，生怕"先锋"号会遭到与"珍妮特"号一样的命运而被冰挤扁。

一个黯淡的夜晚，他们突然听到冰裂的巨大响声，响声一阵又一阵，隆隆不绝。他们都站着，静候着即将到来的命运。他们感到自己的身体随着船体升高，最后凝然不动。他们跑上甲板，船已经被冰层抬起，稳稳地停在坚冰之上。南森悬挂着的心终于安然落下了。他当初的设计完全正确！现在"先锋"号已与冰固定在一起。他们现在所需做的，是让海流把他们带到他们要去的地方。

他们随时随地观察风云变幻，测气温冰温，判别冰块的漂流方向。

南森终于断定：冰和船的漂流方向和风的方向并不一致，而是总和风向成 20°～40° 偏角向右漂流，因此，这里确实存在着一条海流！他欣喜若狂，因为他有可能向北漂到北极点。但是遗憾和失望接踵而至。"先锋"号到了北纬 84° 后，再也不移动半寸。虽然他们已创造了前所未有的新纪录：至此为止，还没有一条船能到达这么高的纬度。但是破纪录不是他们的目的所在，他们需要的是到达北极点，在北极点作科学考察。

南森肯定"先锋"号不会再向北漂流了，他作出了一个出人意料的决定。从这里到北极点只有600千米，坐雪橇仅需50天便能打个来回，由他和约翰逊来走完这个最后的路程。

1895年3月14日，船长斯菲尔德带着留守的人站在船边，目送南森和约翰逊远去。

起初的两三天，南森的行进还算顺利。27条狗拉着3架雪橇，雪橇上载着两只小船和他俩，飞速向北极点挺进。但不久，困难就层出不穷。首先是道路的高低不平，到处都是冰缝、冰裂，要不就是冰丘、冰凌。他们终于到达北纬86°14′的位置，距离北极点只有418千米，但是他们再也无力向前跋涉了。南森在日记里记着："凌晨两点，温度降到－23.9℃，冰的情况愈来愈恶劣……由冰块堆积得凹凸不平的冰原无限地伸展，要越过它，非得把雪橇抬起来。如此艰难的行程，就是再比我强壮十倍的人也受不了……"

不过南森并没有放弃再作进一步的努力，他们又继续走了两天，才停住了脚步。他们商量一下，决定掉头往南，到附近的法兰士约瑟夫群岛去。但他们实在太累了，睡了一个深深的长觉之后，他们看到腕上的手表都停了，原来他们都忘了给表上发条。这个疏忽使他们的返程更为困难，因为他们不知道正确的时间，也无法计算自己所处的正确位置；由于他们又很接近北磁极，指南针几乎失去作用，所以根

南森画像

本到不了距离不足100千米的法兰士约瑟夫群岛。他们在冰原上找不到任何头绪，做了不少最终是枉费的努力。渐渐地，北极的春来了，薄薄的冰上出现了小水塘，海中的冰也消失了，人、狗、雪橇都得靠小艇来行进。食物逐渐缺乏，饥饿的狗开始啃食任何能吃的东西，有一次，甚至把睡着的约翰逊的皮靴都啃出一个大洞。南森只好把衰弱的狗杀死，将它们的肉给其他狗当食物。

到了 6 月 9 日，还在到处乱闯的他们，食品彻底吃完。南森只留下 3 条最强壮的狗，其余的一概杀掉做成肉干。接着天气也开始折磨这两个疲惫至极的人，大风带着雨夹雪漫天遍野袭来，于是他们停下来休息。几天之后，他们明知道继续行走也是白费精力，但还是抱着侥幸的心理迈动沉重的脚步。

夏天确确实实地到了。一天，约翰逊突然看到冰上有一只海豹，他不由分说就扑了上去，用牙咬，用刀子扎，杀死了它。他们止不住发狂地大笑，多少天来没见过成堆的鲜肉了。

8 月 7 日，他们进入蔚蓝的海域。他们把两艘小艇连接在一起，撑起一面破帆，开始海上航行。过了些天，他们看到了远处有一个岛屿。这天正好是万里晴空，海上刮的是顺风，没多久，他们便登上了岸。

这是法兰士约瑟夫群岛最北端的一个小岛。快进入 9 月了，夏天即将过去，要想回到"先锋"号是不可能的了，他们在这个小岛上度过了第三个可怕的冬天。7 个月后，即 1896 年 5 月 19 日，他们把小船拖入已经融化的大海，奋力向南划去。接着的两三个星期，数不清的灾难接连不止，与浮冰周旋还算是小事，海面上经常冒出一些被漫长的寒冬饿慌的海兽，把他们当成猎物。有一次，一头海象在他们还未反应过来时，便用大嘴撕走了船边的一块木板，冰凉的海水立刻涌了进来。这时幸好有块浮冰在附近，他们划到那里把漏洞补好，几天后，他们在一个岛屿上登陆。这是他们第二次登上陆地，兴奋之情可想而知。但是意外的情况出现了，他们没把船绑好，船开始漂动了。约翰逊手足无措，只是发疯般地大叫。南森立刻脱掉衣服，跳进临近冰点的海水里。他的举动是以生命救生命——因为小船里有他们全部的生存资源，而身上却连一把小刀也没有，失去小船就等于失去生命。南森抓住了小船，跳了上去，并把船划了回来。

他们登上的是一个大岛，休息了几天后，准备向南跋涉。6 月 16 日，正当他们在收拾行装的时候，一群海象从海边扑了上来。他们只来得及抢出最必需的东西，眼巴巴看着海象群把他们的小舟撕得粉碎。第二天，他们进入了岛的内地。这时南森听到了一声狗叫，他以为是幻觉。接着他又听到一声狗叫，远远的，却还清晰。南森慢慢站了起来，他们最后的两条狗早在一个月前就杀掉了，怎么现在还有狗声？南森呆了半晌，这才恍然大悟：附近有人！

3 年间，南森第一次听到这么不熟悉的声音，他和约翰逊立刻抛下手中的东西，喘着气跑向冰丘的上头。接着他们在遥远的冰原中间，看到黑影在移动。

南森一边跑，一边挥动帽

海　象

子。那人也一样，也不停地挥动帽子。他们跑近了，这才确实听到了人类的声音，那人说的是英语。原来，那人是英国的探险家杰克逊。过了很久，南森才确信自己获救了。两人打招呼的情景十分感人，彼此都以为他们的相遇是在做梦。

一个月后，"维因多瓦"号便出现在他们的岛边，这船是来接杰克逊回国的。1896 年 8 月 13 日，南森踏上了他离别 3 年的故土。

他的归来引起了挪威全国的轰动。但南森并未沉浸在他生还的喜悦中，他更关心"先锋"号的命运。7 天之后的 8 月 20 日，一个惊人的消息传来：斯菲尔德船长的"先锋"号已在挪威的特罗姆瑟港靠岸，探险队员全都无恙归来。

原来，"先锋"号一直在冰上等待着南森，但它缺少动能，只能随冰飘浮。该船曾于 1895 年 11 月 15 日到达北纬 85°55′，那里距北极点仅 454 千米。后来，"先锋"号向南朝斯匹次卑尔根群岛漂流，最后在该群岛北部用炸药破冰而出。

南森成了深入北极心脏地区的第一人，多次的探测表明，北冰洋里并没有大的陆地，而是一个深深的海盆，而且越往北水越深，至少深达 3 700 米。南森也是第一个验证北冰洋存在着由东向西流动的极地海流的人。

南森的探险队在北极圈内漂流了 3 年多，行程 2 000 余千米，广泛进行水深和水温的测量，收集到了大量的海洋物理环境数据，极大地丰富了人类有关北极的知识。

一个杰出的人物凭着他的想象力和科学知识，组织并完成了伟大的北极探险。而那艘功勋卓著的"先锋"号，至今还陈列在奥斯陆的博物馆里。

知识点

北极点

北极点是指地球自转轴穿过地心与地球表面相交，并指向北极星附近的交点。北极点的位置十分奇妙，若站在北极点之上，前后左右，就都是朝着南方。只需原地转一圈，便已经"环球一周"。但是北极点的准确位置只有用仪器，才能精密地确定。北极点上采用的是"国际标准时间"，即格林威治时间。

延伸阅读

南森的荒岛生活

南森和约翰逊在荒无人烟的岛上度过了他们在北极区的第三个冬天。他们两人在岛上避风的地方盖了一座石砌的小房子，缝隙处用苔藓堵塞。他们又去捕猎海豹，用海豹皮做遮风御寒的衣料，用海豹的膏油做燃料，此外，他们还去捕猎北极熊解决温饱问题。他们就在这里安心地度过了好几个月，没有风时，他们就出去打猎，在雪地上散步，或者欣赏北极光和流星的精彩表演，而当狂风怒号、大雪纷飞时，他们就待在小房里，偎着油炉而睡，由于整日无所事事，而吃的是脂肪丰富的熊肉，结果他们都长胖了，南森的体重增加了23磅，而约翰逊则增加了13磅多。春天到来时，他们看到了第一批候鸟从南边飞来，在经过漫长的寂寞的等待之后，他们终于可以重新上路了。

踏上世界之巅——珠穆朗玛峰

1852 年，一位梵学者报告测量局，他发现了一座海拔 8 840 米的高峰。当时，并无人相信这个事实。可是，经过计算，证实了这个数字，遂在地图记上 XV 符号，并以测量局局长之名命名为埃佛勒斯峰。

世界之巅珠穆朗玛峰耸立在中尼边境上，海拔 8 844.43 米。"珠穆朗玛"在藏语中的意思是"第三女神"；尼泊尔人称萨加玛塔，意为"高达天庭的山峰"。它令无数登山家心驰神往，跃跃欲试，在世界登山探险史上出尽风头。

首先试图攀登珠穆朗玛峰的是英国人。当时他们拥有得天独厚的条件：邻近喜马拉雅山的印度是英国的殖民地，而且英国拥有一批具有丰富经验的探险队。对英国人来说还有一个更有利的条件，那就是从 19 世纪中叶开始，出于

世界之巅——珠穆朗玛峰

军事目的，他们已经掌握了有关喜马拉雅山脉和珠穆朗玛峰的基本数据和资料。那时候，出于对这片亚洲中心的垂涎，英国人开始对喜马拉雅山和喀喇昆仑山脉进行实地考察和研究。

为了研究的需要，英国人组织了由军事人员所领导的喜马拉雅探险队，队里包括一些经验丰富的地形测量学家和地理学家。经过数十次攀登尝试和测算，初步的测量结果出来了。英国人在报告中得出结论：喜马拉雅山脉是由一系列高达七八千米的高峰组成的，其中位于北纬 28°的第 15 峰是世界最高峰。对于实际高度，当时英国人的测算结果是 8 840 米，后来的进一步研

究推翻了英国人的测量结果，珠穆朗玛峰的海拔是 8 848 米。当时，英国人还为这座高峰取了一个名字，用印度测量局前局长乔治·埃佛勒斯的名字命名。这是当时西方殖民者常用的标记，至今许多亚非和拉美国家还保留着许多这样的以殖民者命名的地名。

1919 年 3 月，当时担任英国登山俱乐部理事会会长的帕希·法拉在伦敦正式宣布，英国登山俱乐部从当年起，将开始组织和筹备征服珠峰的活动。

乔治·玛洛里与同伴安德鲁·埃尔文

1921 年，豪伍德·布里率领第一支英国登山队首次从北坡及东坡对珠峰进行侦察，发现了由中国境内东绒布冰川经北坳沿东北山脊向上登顶的可行路线。一年之后，布鲁斯将军率领第二支英国登山队沿上述路线向顶峰突击，有两人在没有使用氧气装备的情况下到达 8 225 米的高度；第二次突击又有两人靠氧气装备

前进了 60 多米；然而在发起第三次突击时，惨遭雪崩的重击，7 名尼泊尔搬运夫和向导遇难身亡，攀登计划不得不宣告失败。接着，1924 年 5 月，弗·诺顿带着第三支英国登山队，仍从珠峰北坡登山。当诺顿等人到达约 8 570 米高度时，因天气变坏、氧气不足而被迫下山。6 月初天气好转，38 岁的著名登山家乔治·玛洛里和 22 岁的安德鲁·埃尔文被选为突击队员向顶峰再次发起冲击。当他俩越过 8 600 米的"第二台阶"（珠峰北坡天险之一）之后，就再也没有回来。他们的死，在英国引起很大震动。人们为玛洛里举行了隆重的具有国葬规模的葬礼，这在英国和国际登山探险史上还是第一次，它再次证明英国对开展亚洲高山探险活动的重视。1933 年，由 16 人组成的第四支英国登山队，在沿着 1924 年的路线上攀时，虽然登顶仍没有取得成功，但却意外地发现了 9 年之前玛洛里二人遗留下的一支冰镐和一节登山绳。他俩是还没有登顶就遇难的，还是在征服顶峰后才遭不测的，他们是怎样失踪的，便成了珠峰探险史上至今没有被解的一件大悬案。

1934 年，英国陆军米·威尔逊大尉试图使用轻型飞机进行单独登山，结果飞机损坏，他受了轻伤。后来他又雇用一些当地人协助登山，但在一场风暴之后，他被冻死在 6 400 米高度处。此后在 1935、1936、1938 三年中，又有 3 支英国登山队攀登珠峰没有成功。

在英国探险家竭尽全力想要征服珠峰的同时，美国、德国的登山队也开始向海拔 8 125 米的南迦帕尔巴特峰宣战。可是 1934 年、1937 年两次都是全军覆没，共牺牲了 25 人。1938 年，又一支美国登山队在经过 3 年的准备之后，计划攀登位于喀喇昆仑山的世界第二高峰——海拔 8 611 米的乔戈里峰。但他们力不从心，登上东北山脊 7 925 米高度之后，就再也无法前进，而且天气变坏，只好撤退。他们不甘心失败，第二年原班人马卷土重来。开始时他们前进得挺顺利，越过 8 000 米高度。可是在离顶峰仅 230 米的位置上，又遇天气突变，无法继续攀登。

乔戈里峰

4 名突击队员去向不明，造成登山探险史上又一次重大事故。

第二次世界大战以后，迎来了一个新的登山探险高潮。首先是 1950 年 6 月，由法国著名登山家莫利斯·埃尔佐格带领的一支 6 人喜马拉雅登山队，在尼泊尔雇用了 150 名搬运工。由于他们兵强马壮，准备充分，并使用了各种坚固耐用新式的登山工具和装备，终于由埃尔佐格和拉什耐尔两人登上了海拔 8 091 米的世界第十高峰安那普鲁峰，在人类登山史上率先创造了第一次登上 8 000 米以上高峰的成功纪录，打开了通向地球 14 座 8 000 米以上高峰的大门，从而为喜马拉雅迎来了它的"黄金时代"。可是这两位凯旋者的手脚冻得发紫，手指的第一、二节和全部脚趾都一个不剩地被切除掉了。

　　法国登山队的成功，使欧洲许多国家的探险界大为震动。1950—1952年，英国、美国、丹麦、瑞士等几支探险队加紧从南、北坡试登珠峰，急欲夺取登上世界最高峰的桂冠。瑞士队探明从尼泊尔境内即南坡攀登珠峰比北坡容易得多。"每个探险队都是踏着先行者的肩膀前进的。"1953年5月，第九支英国珠峰登山队在队长约翰·汉特率领下，使用瑞士队探明的路线即南坡攀登珠峰。5月26日，汉特等组成的6人突击组终于吃力地来到海拔8 350米的高度，设置了第九号营地。但这时人员都已相当疲惫，随着以后高度的不断上升，突击组人数越减越少，到28日夜晚只剩下新西兰籍的队员埃德蒙特·希拉里和印度籍的向导丹增·诺尔盖两人了。离珠峰顶部越近，浮雪越深，行走起来就越感吃力。希拉里由于过度疲劳，行动已很困难，他每走一段路就要躺在雪地上大口地吸氧气。他和丹增轮流在前边开路，两人之间相距六七米，你走我停，我走你停地持续前进。29日上午11时30分，走在前边的希拉里，眼前再也看不到比他更高的地方了，原来他们已经胜利到达地球的最高点啦！此时，两个人热烈拥抱，相互纵情拍打，以表达他们在人类探险史上第一次征服地球之巅的喜悦心情。丹增的冰镐上分别悬挂着联合国、英国、尼泊尔和印度的4面小旗，希拉里给丹增拍了照，又将珠峰的东南西北面都收进镜头。由于氧气瓶内的氧气即将耗尽，他们只得赶紧下山。丹增

西藏绒布寺

后来回忆说："在世界最高峰的顶上，我向南看到了山下尼泊尔一侧的丹勃齐寺，向北看到了西藏境内的绒布寺，我是世界上第一个同时能看到这山南和山北两座寺庙的人。然而短短的 15 分钟对我们两个幸运儿来说，实在是太短促了……"英国《泰晤士报》以头版重要位置和很长篇幅报道了这个国际登山史上的重大胜利。希拉里和丹增被人们誉为"喜马拉雅雪虎"，获得了极大的荣誉。后来英国女王给希拉里和队长汉特都赐了一个爵士的封号。美中不足的是，登上顶峰的两人中没有一个是英国人。

向世界之巅进军

英国队的胜利极大地鼓舞了世界各国的探险家们，人们纷纷向剩下的其他 13 座高峰吹响了进军的号角，征服之战势如破竹。

1953 年 7 月 3 日，前联邦德国和奥地利联队中的海尔曼·布尔于夜间 2 点钟只身首次登上曾被称为"吃人的魔鬼山峰"的世界第九高峰南迦帕尔巴特峰，这在当时的个人登山史上是件了不起的大事。1954 年 7 月 31 日，意大利队两名队员成功登上世界第二高峰乔戈里峰。同年 10 月 19 日，奥地利登山队也登上了海拔 8 135 米的世界第八高峰卓奥友峰。1955 年 6 月 15 日，法国队踏上海拔 8 481 米的世界第五高峰马卡鲁峰。同年 5 月 25 日，英国登山队又征服了海拔

玛纳斯鲁峰

8 598 米的世界第三高峰千城章嘉峰，这次登顶者全是英国人。1956 年 5 月 9 日，日本登山队成功地登上了海拔 8 156 米的世界第七高峰玛纳斯鲁峰。同年 5 月 18 日，瑞士登山队在随英国队之后成为世界第二支登上珠峰的登山队的同时，又征服了珠峰的姊妹峰，海拔 8 511 米的世界第四高峰洛子峰，创造了一个队在同一个时期里成功攀登两座 8 000 米高峰的惊人纪录。1957 年 6 月 9 日，奥地利登山队登上喀喇昆仑山上的世界第十二高峰，海拔

洛子峰

8 047 米的布若洛阿特峰。7 月 7 日，另一支奥地利队又成功地征服了海拔 8 035 米的加舒尔布鲁木 II 峰，这是世界第十三高峰。1958 年 7 月 5 日，美国登山队紧跟着踏上加舒尔布鲁木 I 峰，它是世界第十一高峰，海拔 8 068 米。1960 年 5 月 13 日，瑞士登山队首次领略了世界第六高峰道拉吉里峰（海拔 8 172 米）的迷人风光。1964 年 5 月 2 日，由 10 人组成的中国登山队集体征服了海拔 8 012 米的世界第

希夏邦马峰

十四高峰希夏邦马峰。至此，地球上 14 座 8 000 米以上高峰，已全部被人类所征服。在世界登山史上，1950—1964 年的这 14 年被称为"喜马拉雅的黄金时代"。

XUANMIAO DE DILI GUSHI

知识点

海 拔

地理学意义上的海拔是海拔高度的简称，是指地面某个地点或者地理事物高出或者低于平均海平面的垂直距离。它与相对高度相对，计算海拔的参考基点是确认一个共同认可的海平面进行测算。这个海平面相当于标尺中的 0 刻度。因此，海拔高度又称之为绝对高度或者绝对高程。而相对高度是两点之间相比较产生的海拔高度之差。平均海平面不是唯一的，世界各国有各自确立的平均海平面。

延伸阅读

勇登珠穆朗玛峰的残疾人

1998 年 5 月 24 日，失去一条腿的美国人汤姆·惠特克成功登上珠穆朗玛峰，成为世界上第一个登顶的残疾人。

2001 年，美国盲人维亨迈尔成功登上珠穆朗玛峰，成为世界上首个登上珠穆朗玛峰的盲人。

丹霞地貌的发现和研究

1928 年，中国矿床学家冯景兰，在我国广东北部的仁化县注意到了分布广泛的第三纪（6 500 万—165 万年前）红色砂砾岩层。而在广东省韶关市东北的丹霞山地区，厚达 300～500 米的岩层被流水、风力等风化侵蚀，形成了堡垒状的山峰和峰丛、千姿百态的奇石、石桥和石洞。冯景兰意识到这是一种独特的地貌景观，并把形成丹霞地貌的红色砂砾岩层命名为丹霞层。

矿床学家冯景兰

到了 1938 年，构造地质学家陈国达把这种红色岩层上发育的地貌称为"丹霞地形"，并把这种地形作为判断丹霞地层的标志。1977 年，地貌学家曾昭璇才第一次把"丹霞地貌"按地貌学术语来使用。1982 年，素有"丹霞痴"之名的地理学家李见贤（黄进）发表了《丹霞地貌坡面发育的一种基本方式》，这是我国论述丹霞地貌的第一篇论文。这个时期正是中国旅游业大规模发展的起始阶段，丹霞地貌作为一种重要的旅游资源，受到了来自社会各界的极大关注。

1983 年《地质辞典》首先提出丹霞地貌定义：厚层、产状平缓、节理发育、铁钙质混合胶结不匀的红色砂砾岩，在差异风化、重力崩塌、侵蚀、溶蚀等综合作用下形成的城堡状、宝塔状、针状、柱状、棒状、方山状或峰林状的地形。这是学术界对丹霞地貌所下的第一个定义。

从此之后，不同的辞书、专家对丹霞地貌的定义达到 20 种以上，甚至同一位专家对丹霞地貌所下的定义在几年之间也会发生很大变化。甚至还有人提出：凡红色碎屑岩，不论它是陆相、海相、火山相（即是由火山活动所生成的岩石），只要形成丹崖赤壁的都称丹霞地貌。

丹霞地貌

丹霞地貌发育始于第三纪晚期的喜马拉雅造山运动。这次运动使部分红色地层发生倾斜和舒缓褶曲，并使红色盆地抬升，形成外流区。流水向盆地中部低洼处集中，沿岩层垂直节理进行侵蚀，形成两壁直立的深沟，称为巷谷。巷谷崖麓的崩积物在流水不能全部搬走时，形成坡度较缓的崩积锥。随着沟壁的崩塌后退，崩积锥不断向上增长，覆盖基岩面的范围也不断扩大，崩积锥下部基岩形成一个和崩积锥倾斜方向一致的缓坡。崖面的崩塌后退还使山顶面范围逐渐缩小，形成堡状残峰、石墙或石柱等地貌。随着进一步的侵蚀，残峰、石墙和石柱也将消失，形成缓坡丘陵。在红色砂砾岩层中有不少石灰岩砾石和碳酸钙胶结物，碳酸钙被水溶解后常形成一些溶沟、石芽和溶洞，或者形成薄层的钙化沉积，甚至发育有石钟乳，沿节理交汇处还发育有漏斗。

在砂岩中，因有交错层理所形成锦绣般的地形，称为锦石。河流深切的岩层，可形成顶部平齐、四壁陡峭的方山，或被切割成各种各样的奇峰，有直立的、堡垒状的、宝塔状的等。在岩层倾角较大的地区，则侵蚀形成起伏如龙的单斜山脊；多个单斜山脊相邻，称为单斜峰群。岩层沿垂直节理发生

倒立的石钟乳

大面积崩塌，则形成高大、壮观的陡崖坡；陡崖坡沿某组主要节理的走向发育，形成高大的石墙；石墙的蚀穿形成石窗；石窗进一步扩大，变成石桥。各岩块之间常形成狭陡的巷谷，其岩壁因红色而名为"赤壁"，壁上常发育有沿层面的岩洞。

在我国境内所发现的丹霞地貌几乎全发育在不早于中生代（距今两亿多年前）的地层上，而且岩石的成分以陆相沉积为主，岩石是由当时的河流或湖泊沉积物所形成的，而不是在当时的海洋环境中形成的。然而，随着研究的范围向全世界扩展，学者们发现，其他国家的丹霞地貌也有发育在更古老的地层或者海相沉积岩层中。于是，有的学者就建议放宽对红色岩层的时间及成分限制，以利于把丹霞地貌的概念向全世界推广。

锦石地貌

在早期对丹霞地貌的定义中，地貌的形态往往会被不厌其烦地描述，这样的定义充分说明，丹霞地貌是有着许多曼妙优美的形态的，这种形态并不具有普遍性，因此可以把它们归为一类地貌。然而，随着研究丹霞的人越来越多，全国各地的丹霞地貌都有人去考察，在大量调查的基础上，丹霞地貌的定义变得越来越简洁和有概括性，再也不罗列具体的地貌形态了，而是把这些形态归结为"以赤壁丹崖为特征的一类地貌"。

赤壁丹崖

学者们规定丹崖的高度应大于 10 米，丹崖的坡度则应满足悬崖坡的条件：55°至 90°之间。高度和坡度低于上述标准的丹崖不能算是丹霞地貌，应归入红层丘陵山地中，这是划分丹霞地貌与红层地貌的界限。

红层地貌

丹霞地貌主要分布在中国、美国西部、中欧和澳大利亚等地，以中国分布最广。

到 2008 年 1 月份，我国已发现丹霞地貌 790 处，分布在 26 个省区。广东省韶关市东北的丹霞山以赤色丹霞为特色，在地层、构造、地貌、发育和环境演化等方面的研究在世界丹霞地貌区中最为详尽和深入。在此设立的"丹霞山世界地质公园"，总面积 319 平方米，2004 年经联合国教科文组织批准为中国首批世界地质公园之一。

广东丹霞山

2010 年 8 月，在巴西利亚举行的第 34 届世界遗产大会审议通过了将中国湖南崀山、广东丹霞山、福建泰宁、贵州赤水、江西龙虎山和浙江江郎山联合申报的"中国丹霞地貌"列入"世界自然遗产目录"，这是中国第 40 个列入《世界遗产名录》的项目。

知识点

第三纪

第三纪是地质年代名词，原为新生代的第一个"纪"，距今约 6 500 万年至 260 万年，分为老第三纪、新第三纪。新制订的地质年代表将老第三纪改称古近纪，新第三纪改为新近纪，"第三纪"不再使用。第三纪的重要生物类别是被子植物、哺乳动物、鸟类、真骨鱼类、双壳类、腹足类、有孔虫等，第三纪标志着"现代生物时代"的来临。

延伸阅读

中国最美的七大丹霞地貌

2005 年，在《中国国家地理》杂志举办的"选美中国"活动中，评选出了"中国最美的七大丹霞",名称与当时标注的所属地分别如下:第1名:丹霞山(广东省韶关市仁化县);第2名:武夷山(福建省南平市武夷山市);第3名:大金湖(福建省三明市泰宁县);第4名:龙虎山(江西省鹰潭市);第5名:资江—八角寨—崀山丹霞地貌(包括广西壮族自治区桂林市资源县的八角寨与湖南省邵阳市新宁县的崀山);第6名:张掖丹霞地貌(甘肃省张掖市临泽县和肃南裕固族自治县);第7名:赤水丹霞地貌(贵州省遵义市赤水市)。

发现海底"伤痕"和金属热液矿床

20世纪60年代初,地质学兴起了一场革命,开始以全新的理论解释地壳结构、地壳运动、大陆与海洋的起源,1960—1962年期间,美国科学家赫斯和迪茨提出了海底扩张学说;在1967—1968年期间,美国摩根、麦肯齐、帕克与法国勒皮雄又提出了板块构造学说。为了寻找更多的证据,就必须到海底扩张的地方进行调查。20世纪60年代末,海洋地质学家借助于声呐技术,探测到大西洋中部洋底有一条奇特的山脉,这条山脉非常古怪,两坡陡峭,山脉本该是山脊线的地方却是一道深深的裂谷。而且,这条山脉宽不过300~400千米,而长则达40 000千米,纵贯大西洋南北,一直延伸到印度洋、南极洲附近,像一条巨大的海底拉链,也像一道被绵长岁月之手撕裂的伤痕。海洋地质学家把这条山脉称为洋中脊,而把山脉顶部的裂缝称为中央裂谷。

1971年3月和11月,法国和美国的科学家两度会商准备合作探测洋中脊和中央裂谷。他们制订了"费摩斯"行动计划。"费摩斯"这词的英文意思是"著名"。它确实是著名的,不仅启用了世界上最先进的深潜器,还实现了轰动世界的海底新发现。

"费摩斯"行动计划开始于1973年夏季,科学探险家们汇集在大西洋中部海域。这里的海底地形复杂,经常有海底火山爆发。久经考验的"阿基米德"号深潜器率先孤军作战。虽然"阿基米德"号深潜过160多次,安全性能好，但天长日久不免显得有些笨拙。计划中的另两艘深潜器，一是"赛纳"号，它刚建成，尚未作过试航；二是"阿尔文"号，经过改造正在试航，来不及赶到。

1973年8月2日上午9点06分，"阿基米德"号开始下潜。它以3

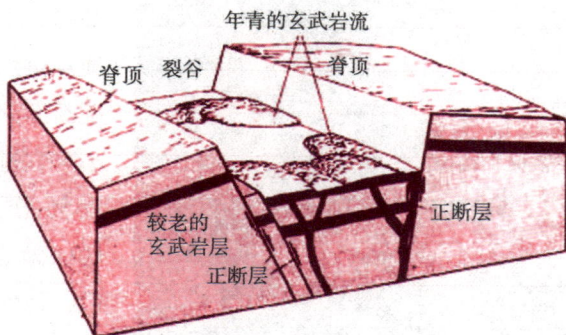

年青的玄武岩流

脊顶　裂谷　　脊顶

较老的玄武岩层

正断层

正断层

中央裂谷示意图

米/秒的速度下沉，再次进入一个寒冷、静寂、高压和漆黑一片的世界。下潜的3个人中，心情最激动的要数首席科学家勒皮雄，他将是世界上第一位看到洋中脊的人，也是降到中央裂谷底部的第一个人。勒皮雄是海底扩张学说的积极倡导者，这次探险是对理论与事实是否相符的一个检验。3个小时之后，洋底已在"阿基米德"号的下面呈现，勒皮雄的眼睛紧贴着舷窗。他看到了熔岩！他感到极为振奋，因为在深潜器的前方，巨大的熔岩像瀑布似的从几乎是垂直的陡坡上倾泻而下。"阿基米德"号继续沿着中央裂谷的岩壁小心翼翼地降落。勒皮雄又看到了壁上许多"管道"，活像大管风琴的音管，参差不齐地排列在那里，直径大都为1米多。管道是黑色的，在深潜器的探照灯光下闪出黑珍珠般的光泽。勒皮雄一边拍着照，一边想象着熔岩瀑布形成时的壮观景象：炽热的岩浆从裂谷底部纵横交错的裂隙里涌出来，流向四方，然后被海水冷却凝结成红色的"瀑布"，而黑色的管道则可能是岩浆透气的"烟囱"……这里熔融的岩浆和陡峭的悬崖峭壁也许就是现存大陆的起源之处。

12点15分，"阿基米德"号轻轻坐底。海底与刚才所见的景况大不一样，尽是些破碎的岩块，不过它们的大小却出奇的均匀，像铺铁路的道砟。远处还可以看到一些完整无损的枕头状熔岩块，岩块上蒙着一层"霜"，那是海洋浮游生物的钙质遗骸，使整个洋底看上去像一块白色的帘布。

深潜器到了一块枕状熔岩边，勒皮雄启动机械手采集标本。但"阿基米

海底黑烟囱

德”号“年老”而动作不便，居然忙碌了半小时，才把那块岩石放进采集器里。“阿基米德”号在到处是陡壁断崖的中央裂谷底部潜航了两个多小时，进行了全方位的科学调查。14点56分，电池的电快用完了，3位海底探险者决定上浮。一个多小时之后，他们回到了海面。在母船上焦急地等待着他们的其他科学家，一看到他们欢快的眼神便明白，他们已经找到了打开海底秘密大门的钥匙。随后，“阿基米德”号又下潜了6次，在中央裂谷底部的一座小火山周围考察了9千米，采集了岩石90千克，拍摄照片2 000多张。

9月6日，“费摩斯”行动计划的第一航次结束。母船载着遍体鳞伤的“阿基米德”号返回法国的土伦港，它要经过一段时间的休整，才能接受更为重要的探险任务。

1974年6月，“费摩斯”行动计划第二航次的准备工作已经就绪。这一航次是由3台深潜器并肩作战。由于“阿基米德”号对中央裂谷底部已有所了解，而对谷壁仍一无所知，所以3台深潜器的具体分工是：老当益壮的“阿基米德”号在谷壁活动，小巧玲珑的“阿尔文”号到中央裂谷的轴部探险，而后起之秀“赛纳”号则去北部的海底大断层学术上称“转换断层”的地带考察。

6月下旬，考察船队抵达预定海区。7月12日，“赛纳”号的身影在大西洋炎热的海面上消失，慢慢地向洋底降落。它轻手轻脚地接近大西洋洋中脊的顶部，然后无声无息地驶入深处。不久，深潜器里传出一声愉悦的欢呼声：“我看到海洋的‘伤痕’了。”这时，观察窗前的海洋“伤痕”是一幅令人眼花缭乱的景象：液态的熔融物从裂缝中流出，遇到寒冷的海水便骤然凝结，形成了千姿百态的海底奇观。有的像巨大的蘑菇，有的像丝光蛋卷，又有的像款款飘动的纱巾。更令人惊奇的是裂缝中还时常喷发出炽热的金属熔流，它的主要成分为锰。这是富有价值的海底"露天"矿床。

在几千米深的洋中脊进行科学探险，就像与死神做伴同行，稍有不慎便会葬身海底。当"赛纳"号满载着科学资料缓缓上升到水深 800 米处时，突然发生了一阵猛烈的碰撞，紧接着是沉闷的响声和深潜器的可怕的抖动。深海探险家立刻采取应急措施，让"赛纳"号悬浮在海中，就像一只装死的海龟。这时观察窗前出现一阵浓浓的黑雾，后来，一道巨大的阴影盖在有机玻璃上。他们紧张得凝神屏息，等了好久，阴影终于"飞"开了。他们连忙重新启动上浮装置，回到了海面。但是他们一直不知道撞上了什么东西。

7 月 17 日，"阿尔文"号在洋底潜航时，看到了一堵高 10 米的岩墙，接着又看到一堵岩墙，几堵岩墙看上去像一座海底古城的遗迹。科学家们立刻联想到关于"大西国"的传说：许久之前，有个高度发达的国家，几天之间就沉没在海底。这会不会就是人们争论不休的"大西国"呢？"阿尔文"号在不足 4 米宽的"古城街道"上踽踽而行，发现这些墙与中央裂谷大致平行，高 4～10 米，厚 20～100 厘米，两墙相距 3～4 米，因此它们不可能是人造的墙，而是坚固的岩脉。它的较强的抗蚀能力，使它有别于四周易剥蚀的岩石。接着"阿尔文"号看到了洋底各种形状奇特的生物，其中最为怪异的是一种叫"沙箸"的动物。它们像一堆堆扔在海底的乱七八糟的铁丝，能够放出冷光，与别的东西相撞就自行发热。"阿尔文"号里的科学家起初还以为是碰到海底电缆了。

"阿尔文"号向一处裂谷潜进。这里的深度为 2 800 米，两旁危岩耸立，不知不觉"阿尔文"号驶进了一条几乎与深潜器一样宽的狭窄裂缝，裂缝两旁的峭壁犬牙交错，使它向前不得。正当它缓缓后退时，突然崩陷下来的砂石纷落，如果不

"阿尔文"号

尽快撤离，随时有被喷发的岩浆流永远地"铸"在洋底的危险。驾驶员临危不惧，立刻使深潜器左右摇晃，慢慢抖落压在上面的砂砾。经过90分钟的挣扎，"阿尔文"号终于脱离险境，驶出了这条可怕的裂缝。

8月6日，"赛纳"号和"阿尔文"号完成了各自的考察任务，憩息在母船上，唯独"阿基米德"号还要执行最后一项任务。当它在一条大裂缝里行驶时，猛地发现自己被夹在一条狭窄而弯曲的岩缝中。岩缝的上头是一堵坚实的岩墙，天花板似的挡在上面使它无法上浮；前方是一块尖锐的岩石，又使它不能穿越；后面则是条曲折的通道，一倒车可能会撞坏螺旋桨。镇静从来是应付危机的法宝。他们克服短暂的慌张之后，想出了一个极妙的办法：像渔夫撑篙那样，用机械手推挡着岩壁。这样"阿基米德"号终于安全地退出"死胡同"，回到了阳光灿烂的海面。

"费摩斯"行动计划的科学探险证明：大西洋洋中脊顶部的中央裂谷，深2 800米，上口宽25～50千米，底宽不足3千米。这一条海底"伤痕"，曾经是大陆的一条裂缝，由于地球内部的驱动力，把裂缝两边的陆地向相反的方向推开，最后形成两块相隔万里的陆地——非洲和美洲。

后来，科学家们又在印度洋和太平洋发现了更为壮观的大洋中脊。因此，海底扩张说和板块构造理论得到了有力的支持。

自1974年以来，不少国家对太平洋的加拉帕戈斯海岭及其附近的海底进行调查，先后发现了不少地热丘。这些地热丘大小不一，一般高10米，直径25米左右。每个地热丘都有一个地下热水的喷出点。有些科学家认为，地热丘就是这些海底喷泉的凝析物形成的。海底热喷泉的温度可能达到300℃。

1978年春天，"格洛玛·挑战者"号在马里亚纳海沟西侧的海底进行钻探，从采集到的海底沉积物岩芯中所发现的矿物分析来看，它是由200℃～300℃的高温热水形成的，这结果与加拉帕戈斯海岭上的地热丘的形成情况相符。

1979年4月，"阿尔文"号来到东太平洋海岭。它按照常规下潜，也按照常规在海下调查。在水下探照灯的光柱下，海水晶莹碧透，各种趋光性的生物围聚在"阿尔文"号的四周。突然，"阿尔文"号里的科学家罗伯特·巴拉德听到一阵海水搅动的声音，他往观察窗外一看，大吃一惊，一股炽热混浊的黑色流体从洋底的岩石间喷涌而出。

"阿尔文"号立即对这"黑烟囱"进行考察。发现涌出的流体其实是滚烫的富含矿物质的水，四周的海水异常温暖。尤其使人惊异的是，在高温热水喷出口的附近，生活着一个由多种奇特生物组成的生物群，最引人注目的是一大丛密集在一起的管状蠕虫，有的长达4~5米，在水中不停地摆动。此外，还可以看到红色的蛤、没有眼睛的蟹和状似蒲公英的水母。显然，这个生物种群所依赖的不是太阳热，而是地热。

在以后的一个月里，"阿尔文"号不断地下潜到这一片深达2 700米的海底进行考察。科学家们终于清楚地看到：海底耸立着几个大"烟囱"，一股股"黑烟"或"白烟"不断从"烟囱"里冒出来。这里超临界状态的高温热水由于水深的压力较大，所以并没有"沸腾"。这些"烟囱"有规律地排成一线在长达几千米的海底。在它们的周围，堆积着各种金属如铁、锌、铅、金、银、铜、铂等的硫化物。

海底"烟囱"与海底火山爆发不同，后者是来源于地球深处的地幔物质硅酸盐熔浆的喷发，而前者却是过热含矿水溶液的溢流。

"阿尔文"号这一年采集到的大量标本和样品，使海洋地质学家了解到许多海底的新现象。而"阿尔文"号付出的代价是微乎其微的：只是观察窗的有机玻璃被高温的海底"烟囱"水烘软变形而已。

通过这次大西洋海底中脊调查，人类第一次发现了海底金属热液矿床，还在海底裂谷中看到了海底火山喷溢的情景。从海底裂缝中流出的滚烫熔岩，一遇到冷海水便骤然凝固。这些凝固的熔岩，有的像蘑菇，有的像管风琴，有的像棉纱卷，也有的像挤出的牙膏，千姿百态，使人们大开眼界，也使人类增进了对海底世界的了解。

知识点

海底烟囱

在大洋中脊的热液作用过程中，由于热液与周围冷的海水相互作用，使热液喷出口附近形成几米至几十米高的固体—液体堆积体，因形似烟囱，故名海底烟囱。海底烟囱因组成和温度差异，会形成黑、白两种不同的烟囱。一般海水温度达 300℃～400℃ 时，形成黑烟囱，是暗色硫化物矿物堆积所致，主要矿物有磁黄铁矿、闪锌矿和黄铜矿；而温度为 100℃～300℃ 时，则形成白烟囱，主要由硫酸盐矿物（如硬石膏、重晶石）和二氧化硅组成。

延伸阅读

侥幸的"阿尔文"号深潜器

"阿尔文"号深海潜器是目前世界上最著名的深海考察工具之一，是20世纪60年代初根据美国明尼苏达州通用食品公司的一位机械师哈罗德的设计而建造的。经过无数次改进和重建，如今"阿尔文"号深潜器最深下潜深度可达 14 764 英尺（4 500 米）。1968 年，在科德角附近海域进行下潜准备工作时，将"阿尔文"号提起和放入海中的钢缆突然断裂，"阿尔文"号掉入 5 000 多英尺（约 1 524 米）的海底。"阿尔文"号在海底足足呆了 11 个月才被重新打捞上来。在打捞期间，虽然它的一部分受到了损伤，但其他部件在接近 0℃ 的水温和缺氧的环境中仍然保存良好，实属侥幸。

发现世界第一大峡谷——雅鲁藏布大峡谷

雅鲁藏布大峡谷是世界第一大峡谷，据国家测绘局公布的数据：这个大峡谷北起米林县的大渡卡村（海拔 2 880 米），南到墨脱县巴昔卡村（海拔 115 米）。全长 504.6 千米，最深处 6 009 米，平均深度 2 268 米，是不容置疑的世界第一大峡谷。曾被列为世界之最的美国科罗拉多大峡谷（深 2 133 米，长 370 千米）和秘鲁的科尔卡大峡谷（深 3 203 米，长 90 千米），都不能与雅鲁藏布大峡谷相提并论。新华通讯社向全世界及时报道了这一消息，震惊了全球。

1998年9月，中华人民共和国国务院正式批准大峡谷的科学正名为"雅鲁藏布大峡谷"。

1998年10月下旬至12月初，由科学家、新闻工作者和登山队员组成的科学探险考察队，历时40多天，穿行近600千米，在深山密林、悬崖陡峭、水流湍急的雅鲁藏布大峡谷区域开展了异常艰辛的科学探险考察活动，获取了大量科学资料，领略和探索了世界第一大峡谷的奇观，实现了人类首次徒步穿越雅鲁藏布大峡谷的历史壮举。

雅鲁藏布大峡谷（局部）

红豆杉

在40多天的徒步穿越考察中，有关专家在大峡谷地区精确测绘了大峡谷的深度和谷底宽度，掌握了极为重要的实测数据。地质、水文、植物、昆虫、冰川、地貌等方面，也都取得了丰富的科学资料和数千种标本样品，为大峡谷的资源宝库增添了新的内容。尤为值得称道的是，此次考察中不仅确认了雅鲁藏布江干流上存在的瀑布群及其数量和位置，而且发现了大面积濒危珍稀植物——红豆杉，昆虫家族中的"活化石"——缺翅目昆虫。

科学考察证实，雅鲁藏布大峡谷地带是世界上生物多样性最丰富的山地，是"生物资源的基因宝库"。同时，大峡谷处于印度洋板块和亚欧板块俯冲的东北挤角，地质现象多种多样，堪称罕见的"地质博物馆"。

2000年3月20日，河南地调院38名地质工作者组成的赴雅鲁藏布大峡谷科考队出征，他们克服了许多无法想象的艰难困苦，以高度的责任感和严谨的科学态度对大峡谷全区进行了网格式全面考察。他们行程26 000余千米，完成测量面积7 938平方千米，系统采集各类地球化学样品2 102件，测试分析化学元素达42种之多，获得基本数据63 252个，首次获得了程度最高的地质资料。这是我国乃至人类历史上首次对大峡谷进行大规模、深层次、网格式、系统性地质大调查的国家级科学考察。

年轻的青藏高原何以形成如此奇丽、壮观的大峡谷？雅鲁藏布大峡谷形成的直接原因与该地区地壳300万年来的快速抬升及深部地质作用有关。最新地质考察获得的证据表明，大峡谷形成的根本原因是该地区存在着软流圈地幔上涌体。雅鲁藏布大峡谷形成的地质特征和美国科罗拉多大峡谷基本相似。雅鲁藏布大峡谷地区地幔上涌体可能是大峡谷水汽通道形成的一个重要因素，也可能是以该地区为中心的藏东南成为所谓"气候启动区"的原因，还可能是该地区生物纬向分布北移3°～5°的重要原因。

高峰与拐弯峡谷的组合，在世界峡谷河流发育史上也十分罕见，这本身就是一种自然奇观。其实，大拐弯峡谷是由若干个拐弯相连组成的。峡谷北侧的加拉白垒峰也是冰川发育的中心，其东坡列曲冰川是一条大型的山谷冰川，从雪线海拔4 700米延至海拔2 850米。第四纪中，这里的山地发育过多次冰川作用，遗留下完整的古冰川U形谷，谷底平原密集的冰丘陵像一座座坟冢，这正是水汽通道特定环境下古冰川作用的堆积遗迹。雅鲁藏布大

加拉白垒峰

峡谷在举世闻名的世界屋脊青藏高原上，有一条绿色通道沿着布拉马普特拉河－雅鲁藏布江河谷一直向东南方向伸展，雅鲁藏布大峡谷就是这绿色通道的重要组成部分。雅鲁藏布大峡谷宛如青藏高原东南部的一个绿色门户，面向着孟加拉湾和印度洋，为来自印度洋的暖湿气流提供了一条天然的通道。

雅鲁藏布大峡谷的发现，被科学界称作是 20 世纪人类最重要的地理发现之一。大峡谷地区是青藏高原最具神秘色彩的地区，因其独特的大地构造位置，被科学家看作"打开地球历史之门的锁孔"。它独特的环境和丰富的自然资源是我们祖国的珍贵财富，也是全人类的珍贵自然遗产。

青藏高原

知识点

软流圈

软流圈指地壳岩石圈以下地幔以上的圈层，主要位于地表以下 70 ~ 100 千米至地下 1 000 千米处。软流圈温度约 1 300℃ 左右，压力约 3 万个大气压，在压力的长期作用下，以半黏性状态缓慢流动，故称软流圈。地震波的波速在软流层明显下降，所以软流层又称低速带。地球可划分为岩石圈、软流圈、中间圈和地核。软流圈将地球外圈和内圈区别开来。

延伸阅读

雅鲁藏布大峡谷的生物资源

　　雅鲁藏布峡谷地区是西藏自治区生物资源最为丰富的地方。地区维管束植物约3 500余种，具体可分为：药用植物、油料植物、纤维植物等。在大峡谷地区茂密的森林及高山灌丛草甸栖息着种类繁多的动物，其中不少是国家重点保护的珍稀动物。如皮毛动物：水獭、石貂、云豹、雪豹、青鼬、白鼬、豹猫和小熊猫；药用动物：马麝、黑熊、穿山甲、鼯鼠、蛇蜥、银环蛇、眼镜王蛇；医用动物：猕猴；观赏动物：长尾叶猴、棕颈犀鸟、红胸角雉、红腹角难、排陶鹦鹉、大绯胸鹦鹉、蓝喉太阳鸟、火尾太阳鸟、红嘴相思鸟、白腹锦鸡、藏马鸡、黑颈鹤、蟒蛇和羚羊等。

地理认识的深入

XUANMIAO DE DILI GUSHI

　　地理视野的拓展无疑会促进人们对地理的认知水平，这种对地理的认知是循序渐进、逐步深化的，比如在对地球结构的认知上，先是魏格纳的"大陆漂移"说，然后是赫斯的"海底扩张"说，接着"新大陆漂移"说（即板块构造说）又取代了"海底扩张"说，这些地理认识多数是建立在大量的科学考察和科学理论基础上的，因此这些认识相对来说是深入的、成熟的。

世界海洋是一个统一体

　　大约公元前3世纪，亚历山大的学者厄拉托斯武尼定义了地球的大小和形状，另一学者喜恰帕斯画出了将地球分成若干部分的经纬网。但是科学家们仍旧对其表面知之甚少。他们还不能肯定如何确定已知地方如希腊、意大利、埃及、叙利亚的方位。如果还有其他的更遥远的陆地，又该如何确定它们的方位呢？早期的地图绘制者想象力极其丰富——他们经常在地图空白的地方填充上他们想象出来的陆地。

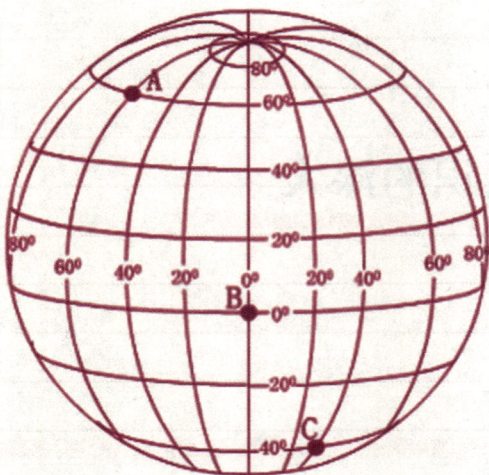

地球经纬网

公元前25年，一位来自庞梯斯名叫斯特雷波的年轻学者来到了亚历山大。他同希腊当地最优秀的学者一起做过研究，希望能在皇家图书馆得到深造。

斯特雷波对地理学和地图绘制最感兴趣，凭借他在书中读到的有关其他地方的知识，以及他从巡游四方的人那里听来的故事，斯特雷波开始撰写《地理学》一书。

斯特雷波认为，在北半球赤道与北极圈之间断断续续延伸着一大片可供人类居住的陆地。这片区域西到伊比利亚半岛（也就是现在的西班牙和葡萄牙），东到我们现在所说的印度，北至底比斯岛，南至希南蒙之地。陆地与陆地间由水面连接。但是斯特雷波提到的这些陆地只占了北半球表面的1/3，那么另外的2/3又是什么呢？

一些人认为，从伊比利亚半岛出发，沿着与赤道平行的方向向西航行，便可到达印度。斯特雷波认为，越过海洋的那一头也许还有第二个人类可以居住的陆地。1500年以后，斯特雷波的推断得到了证实。

斯特雷波在如何绘制地图方面为后来的学者们提供了许多宝贵的意见和建议。他主张只有在地球仪上才能描绘出最忠实于地球原貌的情形。他曾说过，把世界平铺在平面上是件非常难办的事。

斯特雷波大约于公元20年完成了他的《地理学》一书。书中囊括了当时人们已知道的有关地理学以及西方地图绘制方面的所有知识。他在书中提出了许多问题，期待着能在未来的学者那里得到解决。

斯特雷波指出："假若我们不被大西洋辽阔的海域阻隔，那么我们可以从伊比利亚（西班牙）出发沿这个或那个圆周平行线航行到印度。"

斯特雷波认为："……凡是人能够走到的地球边陲，都会遇到我们叫做大洋的海……航海家们走过（地球）的东部地区，那里居住着印度人；走过西部地区……以及南部和北部大部分地区。如果有人把我们能到达地区的距离与所剩下不能到达的地域相比较，那么我们的航船至今不能通往的其他地域是不多的。认为大西洋海域由两个海组成，它被……一些狭窄的地峡分开，这些地峡似乎阻碍我们进行环球航行，这种看法是不正确的。最符合事实的看法是，大西洋流入一个海域，并永不停顿，因为那些准备进行环球航行并且以后又返回原地的人们断言，迫使他们停止远航的原因不是某个大陆阻挡了他们的去路或影响他们继续前进，唯一的原因是他们缺乏食物和遇到无人居住的地区。海洋如同从前一样，对航行来说是自由的。"

15 世纪末和 16 世纪初，葡萄牙的航海家通过两次实践验证了斯特雷波的推断，他们起初绕过南非，然后航行到东南亚，开辟了一条从大西洋通往印度洋和太平洋的直达航道。麦哲伦的首次环球航行探险是世界海洋统一的最有力的证明。

知识点

赤　道

　　赤道是地球表面的点随地球自转产生的轨迹中周长最长的圆周线，半径长度约 6 378.2 千米，周长约 40 076 千米。如果把地球看做一个规范的球体，那么赤道到南北两极的距离相等。赤道平面把地球分为南北两半球，其以北是北半球，以南是南半球。赤道是南北纬线的起点，其纬度为 0°，但纬线最长。

延伸阅读

世界海洋统一体理论的胜利

西班牙的波穆波尼·米拉在公元 1 世纪中期支持世界海洋统一体的理论，

他在自己的著作《地球结构》一书中写道，两个海洋——西海和东海在北部由不列颠海和西徐亚海连接在一起，在南部，则由埃塞俄比亚海、红海和印度海连接在一起。这些海洋把人们已知的一块大陆——欧洲、亚洲和非洲与臆测的无人居住的南部大陆（人类无法居住）相分离，这块南部大陆的四周同样被海水包围着。

然而，100年之后的古希腊地理学家托勒密的《地理学》却不知道亚洲以北和以东的海洋，埃塞俄比亚以南的海洋。在托勒密的世界地图上，亚洲无边际地向遥远的北方和东北方延伸，而非洲则向南延伸，在最南部，东南亚与假想的东非陆地连接在一起，印度洋变成了一个与四邻隔绝的巨大死湖。要知道，从中世纪起直到文艺复兴时期，托勒密是绝大多数学者中最高的地理学权威。假若地理发现的进程以他们的意志为转移的话，那么他们对任何敢于寻找大洋之间航道的海上探险都加以禁止。幸运的是，后来的事实证明托勒密是错误的，世界海洋是完整的统一体。

地球一定是圆的

在古希腊时代，地理学取得了极其伟大而惊人的成果。地圆学说是古代地理学最大的成果之一。

公元前6世纪，数学家毕达哥拉斯制定了天体圆周运动的数学法则。公元前5世纪至公元前4世纪，两位伟大的希腊哲学家为地理学的发展作出了贡献。柏拉图（公元前428—前348年）提出了"地球是圆的"概念，创立了"地球中心说"。生活在那个时代的大多数人，从自己的直观感觉出发一直认为地球是扁平的。但是作为哲学家的柏拉图却对此提出了否定。柏拉图是位演绎推理大师，他主张地球上一切可以观察到的事物只不过是理念的拙劣的摹象，一切可以观察到的事物都是从完美的客体退化下来的，或处于退化过程之中。他认为对称的形式是完美的属性之一，人类居住的地球应该是用最完美的形式创造的，所以一定是球形。

亚里士多德与他的老师柏拉图不同，他是从特殊到一般来进行推理，即采用归纳法来观察分析事物。他观察到很多事实证明地球是圆的，如：月食时地球的影子是圆的；当一个人向北走的时候各种星辰的地平高度就增加，等等。他还认为，可居住性是赤道距离的函数，即离赤道越近越炎热得难以居住。他预言有个南温带，认为利比亚人的黑皮肤是太阳晒的结果。这些思想对地理界影响了许多年，几乎到地理大发现之前人们一直是这样认为的。

亚里士多德之后是被称为"地理学之父"的厄拉托斯忒尼（约公元前273—前192年）。他是西方第一个使用"地理学"这个词的人，"地理"即"地球描述"之意。以后的德语、法语、英语、俄语的"地理"一词都是以此音译的。他以相当精确地测定地球的周长而闻名于地理学史。他发现夏至

毕达哥拉斯

那天西埃尼深井可见太阳倒影，即认为太阳是直射的，而同一天亚历山大城方尖塔与太阳光交角为圆周的 1/50。因为太阳离地球很远故阳光可视为平行线。这样亚历山大城方尖塔与地心的连线及西埃尼井与地心连线的夹角和亚历山大城方尖塔与阳光的夹角，可视为平行线间的内错角，两角相等同为 $360° \times 1/50$。这样，用西埃尼井与亚历山大城方尖塔间距离乘 50 即可求出地球周长，其数值为 40 000 千米，这个数值与实际地球周长仅差 224 千米（其误差不足 6/1000）。厄拉托斯忒尼还对亚里士多德所相对划分的 5 个气候带规定了纬度的数字界限（热带

柏拉图头像

48°，寒带从极地向两边各延24°，温带各42°），写了一个描写可居住地球的书，书中把世界分为欧洲、亚洲和利比亚3个主要地区，并绘了一张世界图。

地圆说的提出具有重大的意义，它的提出促进了新宇宙观的形成，推动了人们直接观察和研究大自然。更为重要的是它的提出有助于冲破神学的长期禁锢，为自然科学的发展开辟了道路。

知识点

归纳法

归纳法是一种由个别到一般的论证方法。它通过许多个别的事例或分论点，然后归纳出它们所共有的特性，从而得出一个一般性的结论。归纳法可以先举事例再归纳结论，也可以先提出结论再举例加以证明。归纳的论证方法在日常生活、科学研究中均具有重要的作用。

延伸阅读

我国的"天圆地方"说

我国先哲们把由众多星体组成的茫茫宇宙称为"天"，把立足其间赖以生存的田土称为"地"，由于日月等天体都是在周而复始、永无休止地运动，好似一个闭合的圆周无始无终；而大地却静悄悄地在那里承载着我们，恰如一个方形的物体静止稳定，于是归纳出"天圆地方"的学说。"天圆地方"说代表了古代先人们对宇宙的认识，它固然没有今天对宇宙的认识准确，但也已经蕴育了朴素的宇宙观，值得肯定。同时，"天圆地方"说也是我国阴阳学说的一种体现，动为阳，静为阴，日月星辰永无休止地运动，为"阳"，代表一切积极、主动的事物；大地沉稳不动，为"阴"，代表一切消极、被动的事物。

"地理学之父"的地理贡献

埃拉托色尼（公元前 275—前 193 年）生于希腊在非洲北部的殖民地昔勒尼（在今利比亚）。他在昔勒尼和雅典接受了良好的教育，成为一位博学的哲学家、诗人、天文学家和地理学家。他的兴趣是多方面的，不过他的成就则主要表现在地理学和天文学方面。埃拉托色尼曾应埃及国王的聘请，任皇家教师，并被任命为亚历山大里亚图书馆一级研究员，从公元前 234 年起接任图书馆馆长。当时亚历山大里亚图书馆是古代西方世界的最高科学和知识中心，那里收藏了古代各种科学和文学论著。馆长之职在当时是希腊学术界最有权威的职位，通常授予德高望重、众望所归的学者。埃拉托色尼担任馆长直到他逝世为止，这也说明了他在古希腊学术界享有很高的声誉。

埃拉托色尼被西方地理学家推崇为"地理学之父"，除了他在测地学和地理学方面的杰出贡献外，另一个重要原因是因为他第一个创立了西文"地理学"这个词汇，并用它作为《地理学概论》的书名。这是该词汇的第一次出现和使用，后来被广泛应用，成为西方各国通用学术词汇。

埃拉托色尼充分地借助了他担任亚历山大里亚图书馆馆长职位之便，十分出色地利用了馆藏丰富的地理资料和地图。他的天才使他能够在文献资料的基础上，做出科学的创新。埃拉托色尼在地理学方面的杰出贡献，集中地反映在他的两部代表著作中，即《地球大小的修正》和《地理学概论》中。前者论述了地球的形状，并以地球圆周计算著名，他创立了精确量算地球圆周的科学方法，其量算精确程度令人为之惊叹；后者是有人居住世界部分的地图及其描述，在该书中，他系统地提出了采用经纬网格编绘世界地图的方法，全面地改绘了爱奥尼亚地图。他以精确的测量为依据，将得到的所有天文学和测地学的成果尽量结合起来，因而他所编绘的世界地图不仅在当时具有权威性，而且成为其后一切古代地图的基础。埃拉托色尼的这两部地理学著作不幸都失传了，不过通过保存下来的残篇，特别是斯特雷波的引文，后世对它们的内容以及作者的精辟见解也有一定的了解。

关于地球圆周的计算是《地球大小的修正》一书的精华部分。在埃拉托色尼之前，也曾有不少人试图进行估算，如攸多克索等。但是，他们大多缺乏理论基础，计算结果并不精确。埃拉托色尼天才地将天文学与测地学结合起来，第一个提出在夏至日那天，分别在两地同时观察太阳

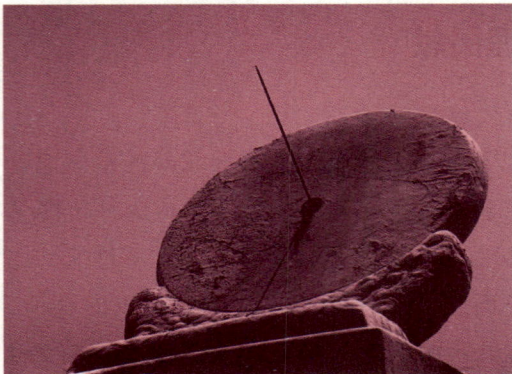

日　冕

的位置，并根据地物阴影的长度差异，加以研究分析，从而总结出计算地球圆周的科学方法。这种方法相比攸多克索以来习惯采用的单纯依靠天文学观测来推算的方法要完善和精确得多，因为单纯天文学方法受仪器精度和天文折射率的影响，往往会产生较大的误差。埃拉托色尼选择同一子午线上的两地赛伊尼（今阿斯旺）和亚历山大，在夏至日那天进行太阳位置观察的比较。在西恩纳附近，尼罗河的一个河心岛上，有一口深井，夏至日那天太阳光可直射井底，它表明太阳在夏至日正好位于天顶。这一现象闻名已久，吸引着许多旅行家前来观赏。与此同时，他在亚历山大里亚选择一个很高的方尖塔作为日晷，并测量了夏至日那天塔的阴影长度，这样他就可以量出直立的方尖塔和太阳光射线之间的角度。获得了这些数据之后，他运用了泰勒斯的数学定律，即一条射线穿过两条平行线时，它们的内错角相等。埃拉托色尼从日晷观测得到了这一角度为7°12′，即相当于圆周角360°的1/50。由此表明，这一角度对应的弧长，即从西恩纳到亚历山大里亚的距离，应相当于地球周长的1/50。下一步埃拉托色尼借助于皇家测量员的测地资料，测量得到这两个城市的距离是5 000希腊里。一旦得到这个结果，地球周长只要乘以50即可，结果为25万希腊里。为了符合传统的圆周为60等分制，埃拉托色尼将这一数值提高到252 000希腊里，以便可被60除尽。埃及的1希腊里约为157.5米，换算为现代的公制，地球圆周长约为39 375

千米，经埃拉托色尼修订后为 39 360 千米，与地球实际周长很相近。

由此可见，埃拉托色尼巧妙地将天文学与测地学结合起来，测量出地球周长的精确数值。这一测量结果出现在 2 000 多年前，的确是了不起的，是载入地理学史册的重大成果。

此外，《地球大小的修正》一书还包括以下各方面的研究：赤道的长度、回归线与极圈的距离、极地带的范围、太阳和月亮的大小、日地月之间的距离、太阳和月亮的全食和偏食，等等。这些研究代表了当时地理学发展的最高水平。

《地理学概论》一书致力于研究有人居住的世界。全书分 3 卷，第一卷对地理学的产生和发展作了历史的回顾，然后着重阐述地球的结构和演变以及水的运动（潮汐、海峡中的海流等）；第二卷为数理地理学，主要探讨天空、大地和海洋的形状和结构、地球的区域和地带的划分以及已知世界的范围等问题；第三卷论述世界地图的改绘，包括一幅新编绘的世界地图以及区域描述。埃拉托色尼的这本书标志着古希腊地理学的成就，代表了这个时期地理学的最高水平，是古代地理学宝库中的一个重要文献。

知识点

日 晷

日晷又称"日规"，是我国古代利用日影测得时刻的一种计时仪器。其原理就是利用太阳投射的影子来测定并划分时刻。日晷通常由铜制的指针和石制的圆盘组成。这种利用太阳光的投影来计时的方法是人类在天文计时领域的重大发明，这项发明被人类沿用达几千年之久。日晷依晷面所放位置的不同，可分为水平式日晷、赤道式日晷、极地晷等多种。

延伸阅读

埃拉托色尼的又一创新

　　埃拉托色尼在他的基础经纬网之上，还叠加了一套被称为"普林特"框格和"斯弗拉吉德斯"框格的几何图形。前者呈长形条带状，后者呈不规则形状。它们组成了地图的第二级网格系统，作为一级经结网格的补充，其作用是便于标明《地理学概论》一书中所描述的各地区的位置和范围。这种将世界划分为不同地区的思维方法，似乎可视为现代地理学术语中的"区划"的雏形。同时，他将地理描述中的分区叙述与地图编绘紧密结合起来，也是一种创新尝试，成为描述地理学与数理地理学相结合的又一种范例。

托勒密与《地理学》

　　克罗狄斯·托勒密（约90—168年），古希腊地理学家、天文学家、数学家，长期进行天文观测，一生著述甚多。其中《地理学》主要论述地球的形状、大小、经纬度的测定以及地图的投影方法，是古希腊有关数理地理知识的总结。书中附有27幅世界地图和26幅区域图，后人称为托勒密地图。他制造了供测量经纬度用的类似中国浑天仪的仪器和角距仪；通过系统的天文观测，编有包括1 028颗恒星的位置表，测算出月球到地球的平均距离为29.5倍于地球直径，这个数值在古代是相当精确的。

　　托勒密大约于公元90年出生在希腊。同当时许多伟大的学者一样，他也来到亚历山大求学。托勒密同斯特雷波一道为地理学和绘制学的研究奠定了基础。

　　斯特雷波对地理学的兴趣主要侧重于实用方面——如何将世界展示在地图上。托勒密的研究角度更为科学和理论化，他想了解整个世界——不仅仅是人类可以居住的地方，他还想知道地球是怎样同茫茫宇宙相联系的。

　　在《地理学》一书中，托勒密认为地球是球体，并提出以下几点理由：

（1）如果地球是扁平的，那么全世界的人将同时看到太阳的升起和落下。

（2）我们向北行进，越靠近北极，南部天空越来越多的星星便看不见了，同时却又出现了许多新的星星。

（3）每当我们从海洋朝山的方向航行时，我们会觉得山体在不断地升出海面，而当我们逐渐远离陆地向海洋航行时，却又看到山体不断地陷入海面。

在托勒密生活的时代，地理学家已经把喜恰帕斯画的南北走向的

托勒密

线叫做经线，把与赤道平行的线叫做纬线。托勒密把地球分成360°。他还将每1°分成60′，每1′分成60″。他发展了弦的体系，通过将其展现在平面上，让人们对分和秒有更加直观的概念。托勒密的这一体系使地图绘制者能够精确地确定物体在地球上的位置，并沿用至今。

托勒密认识到，将球状的地球表面画到一张扁平的地图上意味着许多误差和扭曲，因此他创立了将球体图形投射到平面上的技术。这一技术需要极大的耐心以及数学方面的知识。

他通过从太阳、星星那里得来的测量数据认为地球上的每个地方都能被精确地测得方位。他描绘了两件用来测量角度的工具。被用来观测星星的角度的仪器叫星盘（也叫星测仪）。它被一块圆形的铜板或木板分割成若干角度，中心有一根可以转动的指针。当指针指向一颗星星时，它的投影会在表盘上读出星星的照射角度。托勒密还说，为了保证盘面的水平，星盘应放置在一个三角台座或基座上。托勒密描述的第二个仪器是成角日晷仪。它是由一块方形的石头或木块，边上插一根立柱制成。它被用来测量太阳每天的高度，而不是每小时的高度。如果我们把这个仪器放置在某一固定位置，并且

坚持一年中每天都对太阳高度进行记录，那么我们就能够准确地判断出这个地方的方位。

在《地理学》一书中，托勒密将整个世界画在 27 张地图上。其中欧洲画了 10 张，亚洲画了 12 张，非洲画了 4 张。托勒密画每张地图时，总是将地图正上方定为正北，这便是我们现在上北下南、左西右东的由来。在这本书的最后，托勒密列出了地图上所有的地名以及它们的经度和纬度。他的著作为以后地图集的制作提供了典范，并且一直沿用了近 2000 年。

托勒密为科学绘制地图奠定了基础，然而直到许多年后，他在这方面所做的努力和成绩才得到后人的承认和进一步的发展。

尽管托勒密充分地解释了怎样从数学上确定纬度和经度线。然而，没有一条经线是用天文学方法确定的，仅仅少数的纬度线是这样计算的。他将陆上测量的距离归算为度，就在这不科学的网格上定出地区的位置。海面上的距离，简直是猜测出来的。他把加那利群岛放到它们真正位置以东 7° 去了，因而整个的网格定位是错误的。因此，需要指出的是托勒密的《地理学》错误颇多，如他认为存在有巨大的南方大陆；认为地球是一个位于中心保持不动的球体，而天体则环绕着它转圈，这一"地心说"思想统治了人们的思想长达十几个世纪。

到 16 世纪时，托勒密的投影法受到非议，由此导致各种新投影法的问世。《地理学》中的第一种投影法在墨卡托 1554 年绘制的欧洲地图中受到非议，第二种投影法从 1511 年起受到更多的批评。然而无论如何，托勒密的《地理学》为后人提供了世上最早的有数学依据的地图投影法。

《地理学》约在 15 世纪初从希腊文本译成拉丁文本，此书在当时仍是对已知世界总的地理情况的最佳指南，所以很快流行起来。现代学者的详细研究表明：哥伦布在开始他那改变人类历史的远航之前，至少曾细心阅读过 5 本书，其中之一就是托勒密的《地理学》，而其余 4 本与此不是同类著作，因此可知哥伦布的地理思想主要来自托勒密。哥伦布相信通过一条较短的渡海航线，就可以到达亚洲大陆的东海岸，结果他在他设想的亚洲东岸位置上发现了美洲新大陆——尽管他本人直到去世时仍认为他发现的正是托勒密地图上所绘的亚洲大陆。

尽管托勒密的《地理学》存在着不少错误，但他仍不失为古希腊地理学集大成者。在他以后的许多世纪中，再没有产生古希腊时代那样伟大的地理学家。

知识点

地图投影

地图投影是利用一定的数学方法把地球表面的经、纬线转换到平面上的理论和方法。由于地球是一个赤道略宽两极略扁的不规则的梨形球体，故其表面是一个不可展平的曲面，所以运用任何数学方法进行这种转换都会产生误差和变形，为按照不同的需求缩小误差，就产生了各种投影方法。

延伸阅读

托勒密的"地心说"

托勒密于公元2世纪，提出了自己的宇宙结构学说，即"地心说"。在全面继承亚里士多德的地心说思想的基础上，再结合自己长期观测得到的数据，托勒密写成了8卷本的《伟大论》。在书中，他把亚里士多德的9层天扩大为11层，把原动力天改为晶莹天，又往外添加了最高天和净火天。托勒密设想，各行星都绕着一个较小的圆周运动，而每个圆的圆心则在以地球为中心的圆周上运动。他把绕地球的那个圆叫"均轮"，每个小圆叫"本轮"。同时假设地球并不恰好在均轮的中心，而偏开一定的距离，均轮是一些偏心圆；日月行星除做上述轨道运行外，还与众恒星一起，每天绕地球转动一周。托勒密这个不切宇宙实际的数学图景较为完满地解释了当时观测到的行星运动情况，并取得了航海上的实用价值，因此被人们广为信奉。

孟德斯鸠的“地理环境决定论”

孟德斯鸠（1689—1755年）是法国启蒙运动开创者之一，也是近代资产阶级社会学“地理学派”的创始人。

孟德斯鸠在西方较早强调地理环境对社会政治制度和文化的巨大作用，他认为一个国家的幅员大小、气候冷暖、土壤肥瘠等地理条件对这个国家的政权形式、法律性质、宗教文化等都有决定性的影响。例如，亚洲多“专制霸力之治”的原因是“亚之地多大原，山海所分，皆成广部，至其南国，河流易干，虽为名山，上少积雪，川流较狭，不足以隔交通”。为什么欧洲多“法度治民”之邦？则是因为“其地势便于分立，而立国无甚大者。其以法度治民，亦便于自存之故。盖使法度不立，将腐败立呈，而国为其邻所兼并矣”。而宗教的发达程度与气候的炎寒相关。“亚洲僧道妖巫之众，辄随其土之热度而增。印度最热，故其数亦最多。欧之神甫祭司，其所以为众寡亦然。”宗教的教义也与气候有关。印度“其所处国为炎墟，以其燠炎，而体疲力散久矣，是土之民，固宜乐静而恶动”，“故其为教也，亦以寂灭为极乐，而人道所求在此”。

孟德斯鸠的《法意》出版后，各国竞相翻译，其地理环境决定论在思想界掀起轩然大波。伏尔泰坚决反对地理环境对人类社会历史的决定作用，但更多的人接受了这一观点，黑格尔的《历史哲学》（1840）、巴克尔的《英国文明史》（1865），拉采尔的《人类地理学》（1882）和《地球和生命》（1902）、梅契尼柯夫的《文明和伟大的河流》（1889）是其中的突出者。

生于1844年的拉采尔是德国伟大的人文地理学家。他在《人类地理学》中详尽地表述了他的“地理环境决定论”思想。《人类地理学》探讨了3个主要问题：地球表面居民的分布，作为人类迁移结果的这些分布对自然环境的依赖性，自然环境对个人和社会所产生的影响。其落脚点在“地理环境对个人及社会的决定影响”上。拉采尔试图确定人世及其内部的无人居住区的界限并对它们的边界作出解释，他对比南、北半球边缘民族的各自位置，联系自然的道路和障碍来讨论人类迁移：气候对温带地区主要文明中心位置起着决定作用；山脉起着避难所和边境的作用；水体是原始民族迁移的最大障碍之一，但在航行技术被人类掌握后便成为交通大道。河流和沼泽可以防止扩张，沼泽也可用作避难所，森林起到类似的作用，林间空地可供落后民族藏身之用。拉采尔认为有3组"地理因素"在支配着人类及其发展：位置，包括对其他民族的相对位置；空间，指一个民族或国家有跨越原有居住范围而到达其自然界限的趋势的那一片地区，可以是中心区，也可以是边缘区；界限，是相邻民族扩张的结果。整个地理环境"以盲目的残酷性统治着人类的命运"，人成为环境的产物。

由于理解的偏差和传播的失真，拉采尔的思想一度遭受冷遇。1937年R·H·洛威公正地指出："拉采尔没有夸大过自然环境的力量。实际上他曾反复地告诫人们要提防这个陷阱。他更不像一些地理学家把气候看成是阴暗的支配者。他之所以能不致如此天真，是因为他认识到时间的因素……还有另外两个条件排除人们对环境作出机械的反应：人类意志的不可估量的效力和人的无限的创造能力……没有人曾比拉采尔更多地强调历史的力量。"他的思想对法国和美国影响颇大，以至于现在成为人文地理学的主导思想之一。他的学生森普尔说："他和他的著作一起成长，而他的著作与问题也和他一起成长。他站在高山顶上俯瞰一切，经常把他的眼光扫向远方，因而在他的科学概念里，有时就忽略了近在手边的细节。这就是他的伟大性和局限性。"

知识点

人文地理

人文地理是地理学的两个主要分支学科之一，是探讨各种人文现象的地理分布、扩散和变化，以及人类社会活动的地域结构的形成和发展规律的一门学科。"人文"二字与自然地理学的"自然"二字相对应。

按其发展顺序，人文地理可分为古代、近代、现代3个阶段。古代阶段是人文地理知识的积累时期，以片断记述为主。近代人文地理的时间范畴是15—17世纪，这个时期的人文地理大多偏重于种族、聚落等方面的研究。现代人文地理的时间范畴是19世纪。这时期地理学开始形成自然和人文两大分支，人文地理开始出现一系列理论，逐渐建立并形成了自己的体系。

延伸阅读

"地理环境决定论"的萌芽阶段

"地理环境决定论"的萌芽开始于古希腊时代，希波克拉底认为人类特性产生于气候；柏拉图认为人类精神生活与海洋影响有关；亚里士多德认为地理位置、气候、土壤等影响个别民族特性与社会性质。由于希腊半岛处于炎热与寒冷气候之间，这种地理环境赋予希腊人以优良品性，所以希腊民族天生能统治其他民族。这个论点无法解释当时希腊半岛各民族的历史进程，但却影响深远。

洪堡和李特尔的地理学贡献

洪堡和李特尔是同时代的人，在科学的历史上有如巍巍高山，成就卓著。他们是古典地理学的集大成者，是近代地理学的开拓者和奠基人，是继往开来的一代地理学大师。

洪堡（1769—1859年）出身于德国贵族家庭，1789年就学于哥廷根大学，学习拉丁文、植物学、物理学、语言学、考古学等。在此期间他遇到了刚从库克船长的世界环航中返回的乔治·福特，在他的影响下，对地理学产生了浓厚的兴趣。1790—1792年洪堡在费赖矿业学院攻读地质学，并游历了巴伐利亚、奥地利、瑞士和意大利、西班牙，特别注意观察了阿尔卑斯山的岩石结构，并探究其成因。1799—1804 年和法国植物学者邦普兰去美洲，在奥里诺科河流域和安第斯山区进行科学考察，历时 5 年，行程 10 000 千米，到过委内瑞拉、哥伦比亚、智利、秘鲁、巴西、古巴、墨西哥和美国，进行了大量野外考察，采集了 60 000 多种植物标本和大量岩石标本，几乎耗去了他母亲留给他的全部遗产。他考察了火山、岩石、鸟粪、洋流及地形和高度对植物、对人的生活的影响，调查研究了沿途国家经济、资源和人口等情况。他的活动受到沿途国家的高度尊重。返回欧洲后，经 20 余年在巴黎著书立说，被看做是仅次于拿破仑的欧洲名人，人们从世界各地慕名来访。1827—1829 年回国任宫廷大臣，在柏林讲学，并组织了第一次国际科学会议（1828年）。1829 年接受沙皇邀请去乌拉尔、西伯利亚考察，直达中国边境的阿尔泰山，考察了里海。在旅俄期间他曾建议沙皇建立测候站，沙皇按他的意见于 1835 年将测候站从首都彼得堡一直设立到阿拉斯加沿海的一个岛屿。晚年时，他一直在德国从事各种科学活动并撰写巨著《宇宙》。

洪堡治学涉及自然地理、地质学、地磁学、气候学、生物地理学等各个方面，对地理学、生物学贡献尤大。他著有 30 卷的《新大陆热带地区旅行记》、《新西班牙王国政治论文集》、《植物地理论文集》和巨著《宇宙》。他的著作被译成各国文字出版，特别是《宇宙》被译成几乎所有的欧洲文字，在学术界有着极深刻的影响。

他的科学贡献是多方面的，仅就地理学而言，他的贡献有：

（1）总结出自然地理学和方志学研究的一般原理，正确地指出自然界

洪堡像

各种事物间的因果关系。他认为，包括人在内的自然界是一个统一整体，地理学就是揭示各种自然现象的一般规律和内在联系；并认为自然界是永恒运

动的，若认识它的现在必须了解它的过去。

（2）探讨了地形、气候与植物的关系，坚持用地理学的眼光和立场研究植物。早在他研究费赖矿区地下植物的论文中就明确表示：他不是为了研究植物而研究植物，而是为了研究植物和环境的关系。他论述了植物带的水平和垂直分布规律，创立了植物地理学。达尔文说过，他曾反复阅读了洪堡的科学旅行记，可见洪堡为伟大的"进化论"的形成也做出了贡献。

（3）绘制了世界第一幅平均等温线图，注意到了海陆分布所造成的等温线与纬度的差异，创立了大陆性的概念。他绘制了洋流图，首次发现了秘鲁寒流（曾一度称洪堡寒流，后因本人反对而改现名），观察和记述了西伯利亚的永久冻土现象。

（4）纠正了当时流行的错误的成岩理论，断言花岗岩、片麻岩和其他一些结晶岩是火成岩，指出了火山分布与地下裂隙的关系，认识了地磁强度从极地向赤道递减的规律，"磁暴"一词就是他创造的。

（5）在人文地理方面贡献卓越。他认为，人类是自然的一部分，人的生活到处与土地发生最根本的联系，离开人类现象，自然图景将是不完整的。并认为一切种族都有一个共同渊源，没有一个种族应该比其他种族卑劣，所有种族不管是个人或集团，都同等向往自由。这些光辉思想与德国地理学后来的"民族优劣"论的思想传统比起来，真正称得上是"巍巍高山"了。洪堡的科学成就、社会威望与他这种伟大的人类主义、民主主义的政治风格和宽阔胸怀是分不开的。洪堡的《新西班牙王国政治论文集》称得上是西方第一部区域经济地理著作，他深刻地指出了自然资源对社会发展的重要作用。他从地理学的观点出发，高瞻远瞩地建议在中美洲开掘贯通两大洋的运河，并提出地点最好在巴拿马境内。

总之，洪堡的科学事业是功勋卓著的。他去世以后，世界各国一直把他作为科学文化名人纪念他。1946 年德意志民主共和国还把古老的柏林大学命名为洪堡大学。洪堡是一个时代的顶峰，也象征着一个时代的结束。自他之后科学进入了大分化的专门化的时代。洪堡从直接观察事实出发，运用比较法，揭示了自然现象间的因果关系，从而对僵化的自然观在自然地理方面打开了缺口，创立了自然地理学。从这个意义上讲，他又是科学未来的开拓者，是近代地理学的奠基人。

李特尔（1779—1859年），出生于比较贫穷的医生家庭，小学时进入了用卢梭新教育思想建立起来的位于图林根林山的施内芬塔尔的实验小学，在那里受到一位名叫古茨默思的地理教师的影响。少年时期就经常观察人和周围自然现象之间的关系，树立了初步的人与自然统一的观念。17岁时进入了哈雷大学，广泛阅读自然科学和文史等方面的书籍。先在法兰克福，后到瑞士、意大利进行了大量的野外考察。1805年阅读了美洲旅行记中《植物地理学论考》一书，1806年与洪堡晤面，深受洪堡思想的影响。他后来回忆这段经历时赞叹说："这（指洪堡的书）是科学史和文化史一个转机，自此西半球的自然，以此为对照，其丰富的个性、协调的秩序，显示出真正的伟大和崇高。在眼前的分裂混乱中，通过广阔大地有机体显示出预想不到的各种现象的因果关系。"1819年，李特尔担任法兰克福大学历史学教授，第二年任柏林大学地理系主任，并创办了柏林地理学会。他一生中撰写了《欧洲地理》和《地学通论》等地理著作。

如果说洪堡的贡献是多方面的，那么李特尔在确立地理学的科学地位方面就更前进了一步。李特尔在他的巨著《地学通论》中这样写道："不久的将来，地理科学的体系将提高到更高的科学阶段，将和生理学、文法学、哲学并肩齐比。"在李特尔之前虽说有地理学存在，但是那时的地理学的体系是很不明确的。中世纪的地理学是以基督教世界观为轴心的宇宙志。地理大发现以后的地理学往往掺杂统计学、历史学、政治学、天文学，甚至洪堡所著的《宇宙》也从宇宙、地球、人类历史、天文到地理无

李特尔像

所不含。

李特尔的最重要的功绩正在于他确立了地理学的概念和体系。他指出，地理学研究对象不是整个宇宙也不是地球的全部，而是地球表面，用他当时的话来说，就是在地上所看到的领域。这既区别于专门研究事物内部性质结构的物理学、化学、生理学，也区别于地质学、历史学和天文学。李特尔赞同洪堡的看法，认为地面是有机的整体，进一步可分为大陆、地方、地区等单元。他强调理解在地区上结合在一起的事物之间的相互联系和因果关系。他的这些变化中统一的概念、区域的方法不能不说是现代计量地理学中系统论和景观生态学的渊源。事实上他的预言和理想在李特尔时代就基本实现了。当他的19卷两万页的《地学通论》出版以后，地理学的科学地位已经得到公认，大学的地理系也相继成立起来。自19世纪20年代开始，法国（1921）、德国（1828）、英国（1830）、巴西（1839）、墨西哥（1839）、俄国（1845）和美国（1852）等国相继成立了地理学会，1871年，在安特卫普召开了第一次国际地理学会。地理学作为一个有较完整体系、独立研究对象的学科确立起来了。

李特尔地理学思想的另一个特点，就是很注意人的研究，重视人地关系，把地球表面作为人类故乡加以研究，强调人地关系的综合性和统一性。如果说洪堡在自然地理方面尤为突出的话，那么作为与他同时代的大师，李特尔在人文地理方面的开拓贡献则更突出一些。

李特尔的比较地理学、形态地理学的方法对近代地理学影响也极为深远。他的《地学通论》的全名是《自然和人类史关系中的地理学或者作为自然和历史科学研究与教学坚实基础的一般比较地理学》。这个题目几乎概括了李特尔的全部地理思想，其中的"一般"是指法则的、规律的、系统的意思。比较地理学在李特尔看来，就是形态学、类型学的思想，通过对区域地理单位的分类、比较来分析其成因和变化规律，而这种分类、比较是从形象上、形态上进行的，就像生物学中的门、纲、目、科、属、种一样。这种思想可以说是近代地理学的主要方法论，时至今日在有些方面仍不失它的意义。

知识点

植物地理学

植物地理学又称地植物学，是研究植被的空间分布规律的学科，它研究植被的组分、性质的分布类型及其形成的原因、动态以及实践中的应用等。地理学家把植被作为自然地理环境的一个重要组分，是鉴别区域特征、进行自然区划时不可缺少的参量。植物地理学与生态学、地质学、古生物学、气候学、土壤学等密切相关，利用这些学科的研究成果可以帮助研究植被的分布现象。

延伸阅读

勤学好问的洪堡

幼年时期的洪堡经常到花园里观赏花草树木，到附近的田野中领略大自然那秀美的风光。他喜欢搜集形形色色的贝壳，采集各种植物的茎叶，并且逐个查询它们的名字，最后贴上标签分门别类地保存起来。他喜欢上地理课，并经常向老师提出一系列问题，如哪个国家生长什么植物，哪条河流有多长、从哪儿发源的，什么地方冷、什么地方热等等，对于洪堡的问题，老师并不都能回答上来。在洪堡幼小的心灵里已经播下了远游的种子，他决心长大以后到非洲、南美洲和其他一些地方游历，他要亲眼看一看海外的世界，找出那些到现在还没有人能回答得上来的问题。

达尔文环球考察的重大意义

英国海洋探险船"贝格尔"号在起航走向远洋的时候，正处于19世纪初期的海洋探险性质的变化和航海船只革命的阶段。"贝格尔"号是一艘三桅纵帆军舰，并备有小型蒸汽机。它的另一个特点是乘坐它的探险队员，不再全是身强力壮的水手，而是各类富有献身精神的科学家。

"贝格尔"号科考船

"贝格尔"号在海洋探险史上并没有多少地位，它被载入史册，是因为它的载客之中有一个年轻的学者查理·达尔文。达尔文在"贝格尔"号上的 5 年探险生活，是他一生中最重要的经历，这次经历为他在生物上提出伟大的理论确立了基础。

1809 年，查理·达尔文诞生于一个名医世家。他的祖父和父亲在医学方面有很深的造诣，而达尔文自小却是个调皮蛋，不爱上学，成天迷恋于捉虫子、掏鸟蛋、拾贝壳。父亲为此极为生气，在 1825 年送他到爱丁堡大学学医。但达尔文还是顽性不改，经常与同伴到海边捉蟹捕鱼，制作标本。父亲就又把他送到剑桥大学学神学，希望他能成为一名牧师。但是达尔文对刻板的神学毫无兴趣，剑桥大学反倒给他提供了一个学习的广阔天地，他经常跑去听地理学、地质学和生物学的课。

父亲闻知他的"劣迹"后，勃然大怒。岂知达尔文已报名参加"贝格尔"号探险队了。

1831 年夏，"贝格尔"号起航，谁知刚到大西洋，就接二连三地遇到风暴，不得不两度返回英国。直到 12 月 27 日，船才驶离德文港，踏上漫漫征程。

"贝格尔"号穿越大西洋，于次年 2 月抵达巴西海岸，达尔文和他的伙伴登岸考察。他们穿过热带雨林，踏遍茫茫草原，攀登陡峭的海岸，发掘出大量古生物化石。达尔文特别注意从北往南的地理变化所引起同类动物的异化。

1832 年 8 月，"贝格尔"号锚泊在阿根廷的布兰卡湾。在这里，一种新的发现吸引了达尔文。在港湾的红色泥土里，他们挖掘出各类奇异的动物化石，其中有巨大的四足类巨兽，如磨齿兽、箭齿兽、厚皮兽、披甲兽。这些庞然大物早已在地球上绝迹，但它们与现在存活的地球生物有何联系呢？如果把它们的骨骼复

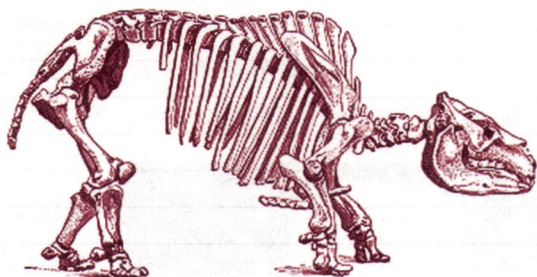

箭齿兽骨骼图

原，人们将会看到，它们兼有现代水生动物和陆生动物的共同特征。于是达尔文认为，这些四不像动物虽然已不存在，但它们的某些特点在现代鸟类和哺乳类身上都可以找到，它们或许是后者的共同祖先。他进一步推想，自然界有着无数的生物，每一种生物和另一种生物之间，既有相同之处，也有差异之处，而这些相同和差异是时间的产物。

达尔文在浅海的沉积层里又找到了不少的海生贝壳，这些沉积层目前正处于陆地 100 米高的地方。由此他得出了海陆变迁的结论。经过大量观察，达尔文的脑袋里产生了适者生存、自然淘汰的初步想法，这想法后来成为生物进化论的核心。

合恩角

1833 年 8 月，"贝格尔"号到达火地岛南面的合恩角。这里是太平洋和大西洋的汇合点，风急浪高，船只遇到了极大的危险。历尽艰辛，他们找到一个小海湾避风，达尔文趁机上岸考察。

这里的印第安人与世隔绝，欧洲人很少来到这里，所以他们不像智利和阿根廷

的印第安人那么凶猛。

达尔文在火地岛待了一年多，对地质和生物作了极为详尽的考察。这时"贝格尔"号也已经修复如初，正等待好天气重新出发。在一个月高风静的夜晚，"贝格尔"号急速驶出小港，紧接着绕过合恩角，进入太平洋。

1835 年秋，"贝格尔"号到达了加拉帕戈斯群岛。达尔文又上岛进行考察，收集了极为丰富的资料。"贝格尔"号离开加拉帕戈斯群岛后，才算完成对南美沿岸的考察任务。该任务原计划两年时间，现在却拖了 4 年，其原因主要是达尔文的"拖延"，而船长费兹·罗埃看来也支持达尔文的"拖延"。然后，"贝格尔"号西行，横渡太平洋，经澳大利亚入印度洋，又过好望角，再渡大西洋，于 1863 年 10 月 2 日回到英国。

这次环球探险历时 5 年，是海洋探险史上时间最长的一次。由于远远超出了预定的时间，船长费兹·罗埃受到皇家科学院的严厉批评。但皇家科学院没有想到，借这次探险机会的达尔文搜集了数以万计的动植物标本，作了大量的观察笔记。他们更没有想到，就是这个达尔文在 20 多年后，出版了震惊世界的《物种起源》，揭开了人类科学的新纪元。

达尔文像

▶▶▶ 知识点

热带雨林

热带雨林是地球上一种常见于北纬 5°到南纬 10°之间热带地区的生

物群系，主要分布于东南亚、澳大利亚、南美洲亚马孙河流域、非洲刚果河流域、中美洲、墨西哥和众多太平洋岛屿。热带雨林地区长年气候炎热，雨水充足，正常年雨量大约为 1 750 毫米至 2 000 毫米，全年每月平均气温超过 18℃。热带雨林的季节差异极不明显，通常有 3～5 层的植被，且生物群落演替速度极快，地球上过半数的动植物栖息于此。

延伸阅读

《物种起源》的影响

《物种起源》是达尔文论述生物进化的最重要的一部著作。在该书中，达尔文首次提出了进化论的观点：物种的演化是通过自然选择和人工选择的方式实现的。生命只有一个祖先，生物是从简单到复杂、从低级到高级逐渐发展而来的。

自 1859 年，《物种起源》在英国伦敦出版以来，受到众多市民的热烈欢迎，被争相购买，该书第一版 1 250 册在出版之日就全部售罄。它以全新的进化思想推翻了神创论和物种不变论，把生物学建立在科学的基础上。它发表传播后，生物普遍进化的思想以及"物竞天择，适者生存"的进化论已为学术界、思想界公认为 19 世纪自然科学的三大发现之一。20 世纪 40 年代初，英国人霍尔丹和美籍俄罗斯生物学家杜布赞斯在其思想的影响下，创立了"现代进化论"。可以说，这本书对人类思想有着不可估量的影响，对人类历史亦有着极大的影响。

李希霍芬对中国地理的考察

李希霍芬（1833—1905 年），德国地理学家、地质学家。早年从事欧洲区域地质调查，旅行过东亚、南亚、北美等地，多次到中国考察地质和地理，曾任波恩大学、莱比锡大学和柏林大学教授，柏林大学校长。提出地理学是研究地球表面的科学，首次系统地论述了地表形成过程，对地貌进行形成过程分类，研究了土壤形成因素及其类型。

李希霍芬

李希霍芬早年曾研究蒂罗尔和阿尔卑斯山脉地质，成功地建立了南蒂罗尔的三叠系层序。他对喀尔巴阡山、多洛米蒂山和特兰西瓦尼亚区域地质的研究也卓有成效。1860 年，他作为地质学家，应邀随同德国经济使团去远东，访问了锡兰、日本、中国台湾、西里伯斯、爪哇、菲律宾，并从曼谷旅行到缅甸的毛淡棉。1863—1868 年在美国加利福尼亚进行地质调查，发现了金矿。

李希霍芬于 1868 年 9 月到中国进行地质地理考察，直至 1872 年 5 月，将近 4 年，走遍了中国 14 个省区。回国之后，从 1877 年开始，他先后写出并发表了 5 卷并带有附图的《中国——亲身旅行的成果和以之为根据的研究》。这套巨著是他 4 年考察的丰富实际资料研究的结晶，对当时及以后的地学界都有重要的影响。

他在《中国》第一卷里，以专门的章节论述了中国的黄土，最早提出了中国黄土的"风成论"。他也采集了大量各门类化石，收集了很多各时代地层资料。德国古生物学家弗莱希、施瓦格、凯塞尔等对李希霍芬所采化石的研究论文也发表在《中国》

火成岩标本

各卷中。李希霍芬在辽宁、山东、山西和河北北部建立了3条系统剖面。他首先提出了"五台系"和"震旦系"等地层术语。他对中国造山运动所引起的构造变形有开创性的研究。他在山东、北京西山、大青山、五台山等地发现了许多褶曲和正断层，在秦岭发现了逆掩构造，在《中国》第二卷中的"中国北方构造图"上，他画了一条被称为"兴安线"的推断构造线，从兴安岭经太行山，一直到达宜昌附近。他还提出了中国北方有一个古老的"震旦块"，是一个具时间关系的地质构造单元。他在《中国》第二、三卷中，将中国各地火成岩作为地层剖面中的一部分加以描述，如辽东古老的高丽花岗岩，秦岭天台山志留纪花岗岩，南京山地花岗岩、安山岩和玄武岩等。李希霍芬在江西景德镇东北部的高岭山一带探勘陶瓷原料，并以"高岭"的拉丁文译名命名高岭土，从此高岭之名传播国外，高岭土是世界第一种以中国原产地为通用名称的矿物。

在早期来华考察的地学家中，李希霍芬经历时间之长、搜集资料之丰富、发表著作分量之大，人们难以望其项背。他为中国地质、地理之研究，作了奠基性、开创性的贡献，尤其为当时的中国带来了近代西方地学甚至整个自然科学的思想和方法，他是近

高岭土

代中国和西方国家科学交流的重要先驱，对近代中国地质学、地理学的产生和发展具有重大影响。

知识点

造山运动

造山运动是指地壳或岩石圈物质沿地球表面切线方向进行的运动。

造山运动仅影响地壳局部的狭长地带，常表现为岩石水平方向的挤压和拉伸，在构造上形成巨大的褶皱山系和地堑、裂谷等。目前观测到的最后一次造山运动是燕山运动，其结束的时间是白垩纪末期，距今已有1亿年。

延伸阅读

李希霍芬的其他地理贡献

在李希霍芬看来，地理学是研究地球表面以及其有成因联系的事物和现象的科学，并把地理学和地质学沟通起来。他长期从事地理考察，对地理学方法论和自然地理学作出了重要贡献。在1886年出版的《研究旅行指南》中，他系统地叙述了野外考察、收集数据和制图等一系列方法；第一次系统地论述了地表形成的过程，对地貌进行了形成过程分类；还研究了土壤形成因素及其类型等。他培养了许多地理学家，如斯文赫定、帕萨尔、施吕特尔等，对近代地理学的发展产生了重要影响。

魏格纳的大陆漂移学说

1912年，德国气象学家、地球物理学家魏格纳提出大陆漂移说，掀起了一场地学革命，他因此被称为"大陆漂移学说之父"。

19世纪以前，人们尚未开始系统地研究地球整体的地质构造，对海洋与大陆是否变动，并没有形成固定的认识。1910年魏格纳在偶然翻阅世界地图时，发现一个奇特现象：大西洋的两岸——欧洲和非洲的西海岸遥对北南美洲的东海岸，轮廓非常相似，这边大陆的凸出部分正好能和另一边大陆的凹进部分凑合起来；如果从地图上把这两块大陆剪下来，再拼在一起，就能拼凑成一个大致上吻合的整体。把南美洲跟非洲的轮廓比较一下，更可以清楚地看出这一点：大西洋南部的巴西的凸出部分，正好可以嵌入非洲西海岸几内亚湾的凹进部分。

德国气象学家、地球物理学家魏格纳结合他的考察经历，认为这绝非偶然的巧合，并形成了一个大胆的假设：推断在距今 3 亿年前，地球上所有的大陆和岛屿都连接在一块，构成一个庞大的原始大陆，叫做泛大陆。泛大陆被一个更加辽阔的原始大洋所包围。后来从大约距今两亿年时，泛大陆先后在多处出现裂缝。每一裂缝的两侧，向相反的方向移动。裂缝扩

魏格纳

大，海水侵入，就产生了新的海洋。相反地，原始大洋则逐渐缩小。分裂开的陆块各自漂移到现在的位置，形成了今天人们熟悉的陆地分布状态。

1912 年 1 月 6 日，魏格纳在法兰克福地质学会上做了题为"大陆与海洋的起源"的演讲，提出了大陆漂移的假说。此后，由于研究冰川学和古气候学第二次去了格陵兰。在随后的第一次世界大战中，他的研究工作中断了，在战场上身负重伤，养病期间他于 1915 年出版了《海陆的起源》一书，系统地阐述了大陆漂移说。他在《大陆和海洋的形成》这部不朽的著作中努力恢复地球物理学、地理学、气象学及地质学之间的联系（这种联系因各学科的专门化发展被割断）。魏格纳的研究表明科学是一项精美的人类活动，并不是机械地收集客观信息。在人们习惯用流行的理论解释事实时，只有少数杰出的人有勇气打破旧框架提出新理论。但由于当时科学发展水平的限制，大陆漂移说由于缺乏合理的动力学机制遭到正统学者的非议。魏格纳的学说成了超越时代的理念。

大陆漂移说一提出，就在地质学界引起轩然大波。年轻一代为此理论欢呼，认为开创了地质学的新时代，但老一代均不承认这一新学说。魏格纳在反对声中继续为他的理论搜集证据，为此他又两次去格陵兰考察，发现格陵

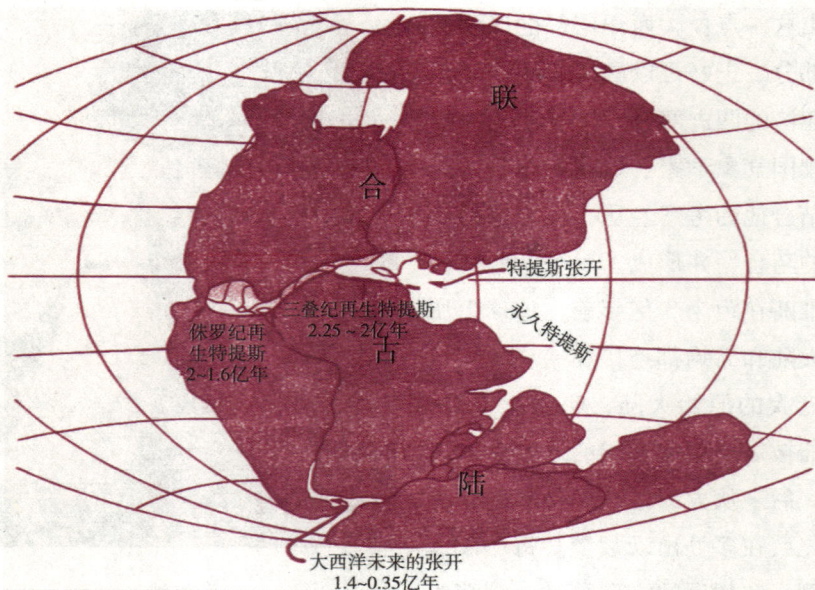

2.7 亿年前的泛大陆

兰岛相对于欧洲大陆依然有漂移运动，他测出的漂移速度是每年约 1 米。1930 年 4 月，魏格纳率领一支探险队，迎着北极的暴风雪，第四次登上格陵兰岛进行考察，在零下 65℃ 的严寒下，大多数人失去了勇气，只有他和另外两个追随者继续前进，终于胜利地到达了中部的爱斯密特基地。11 月 1 日，他在庆祝自己 50 岁的生日后冒险返回西海岸基地。1930 年 11 月 2 日，魏格纳在第四次考察格陵兰时遭到暴风雪的袭击，倒在茫茫的雪原上。在白茫茫的冰天雪地里，他失去了踪迹。直至第二年 4 月人们才发现他的尸体。他冻得像石头一样与冰河浑然一体了。

魏格纳将自己的论点建立在地质学和古生物学论据的基础上，而不仅仅是海岸的高度吻合，他着重强调大西洋两岸地质学的相似性。在他的著作的最后一版中，他引用了来自古气象学的证据。1924 年，他还与科本合作撰写了一部关于古气象学的专著，并由此推论地球的极地始终是在迁移的。魏格纳认为，在中生代并一直延续到不太遥远的过去，曾存在过一个巨大的总陆地或原始大陆，他将其称为"庞哥"。这块原始大陆后来破裂，庞哥碎片的分裂、位移，逐渐形成了我们今天所处的各大陆的格局。他认为，大陆漂移

（或称运动、移动）的两个可能的原因是：月亮产生的潮汐力和"极地漂移"力，即由于地球自转而产生的一种离心作用。但是，魏格纳懂得，大陆运动的起因这一难题的真正答案仍有待继续寻找。他在他的著作中写道，大陆漂移理论中的牛顿还没有出现。他承认，"漂移力这一难题的完整答案，可能需要很长时间才能找到"。

现在看来，魏格纳最根本也是最富创造力的贡献在于，他首次提出大陆和海底是地表上的两个特殊的层壳，它们在岩石构成和海拔高度上彼此不同这样一个概念。在魏格纳所处的时代，大多数科学家认为，除了太平洋以外，各大洋都有一个硅铝层海底。魏格纳的基本思路后来为板块构造说所证实。

知识点

冰川学

冰川学是研究地球表面各种天然冰体的形成、分布和演化规律的学科。天然冰体包括冰川冰、河冰、湖冰、地下冰以及积雪、雪崩、吹雪等。按其研究内容，冰川学可分为物理冰川学、水文气候冰川学和地质地貌冰川学3个分支学科。物理冰川学主要研究冰的内部结构。水文气候冰川学包括冰川水文学和冰川气候学。主要研究冰雪与大气圈、水圈的相互作用。包括冰形成、存在和消融的气候条件，冰与大气间的热量和辐射交换，冰川进退与气候变化和海面变化的关系等。地质地貌冰川学包括冰川地质学和冰川地貌学。主要研究冰川与地表的相互作用及其地貌过程、冰缘现象、冰川沉积等问题。

延伸阅读

志向远大的魏格纳

魏格纳从小就喜欢幻想和冒险，童年时就非常喜爱读探险家的故事，英国著名探险家约翰·富兰克林是他心目中崇拜的偶像。他也立志将来成为一个大名鼎鼎的探险家。稍大一些的时候，他准备到北极去探险，却由于父亲的阻止而没能去成，这丝毫没有影响到他的远大志向。为了给将来探险做准备，他决定攻读气象学。1905年，25岁的魏格纳获得了气象学博士学位。1906年，他和弟弟两人驾驶高空气球在空中连续飞行了52小时，这个时间打破了当时的世界纪录。同年，他终于实现了少年时代的远大理想，加入了著名的丹麦探险队，来到了格陵兰岛，从事气象和冰川调查。

H·H·赫斯的海底扩张学说

海底扩张说是海底地壳生长和运动扩张的一种学说，是对大陆漂移说的进一步发展。它是1960—1962年，由美国科学家H·H·赫斯和R·S·迪茨提出的。

第二次世界大战期间，一艘美国军舰"开普·约翰逊"号在东太平洋上巡航。这艘军舰的指挥官名叫H·H·赫斯。军舰从南驶向北，再由北驶向南，看似这艘军舰在巡逻，实际上军舰的指挥员正利用声呐测深技术对洋底进行探测。

赫斯舰长于1906年生于纽约，早年毕业于著名的耶鲁大学。战前，他曾是一位航海家，在普林斯顿大学工作。战争爆发了，他应征加入海军，成了"开普·约翰逊"号的舰长。虽说赫斯由一个教授、学者，变成了军人，但他热爱海洋科学，他的理想是不断揭示海洋奥秘。

赫斯舰长指挥军舰横越太平洋，把航线上的数据加以分析整理。在分析这些测深剖面时，一种奇特的海底构造引起了赫斯的注意：在大洋底部，有从海底拔起像火山锥一样的山体，它与一般山体明显不同的是没有山尖，这种海山的顶部像是被一把快刀削过似的，非常之平坦。连续发现这种无头山，让赫斯感到大惑不解。

战争结束之后，赫斯又回到他原先执教的大学工作。他把自己发现的无头海山命名为"盖约特"，以纪念自己尊敬的师长、瑞士地质学家A·盖约特。

这些海底山体和过去发现的海丘山峰均不同，具有一种顶部平坦的特殊形状。山顶部直径为5~9千米，如果把周围山脚计算在内，形成数千米左右的高台；山腰最陡的地方倾斜达32°，再往下形成缓坡，并呈现阶梯状。这是所有平顶山的共同

海底平顶山

特征。还有一个特点是，平顶海山的山顶至少在海面下183米，也有的在海面下2 500米处，一般多在海面下1 000~2 000米之间。这种海底平顶山，在世界大洋中均有发现。

后来的调查证实，海底平顶山曾是古代火山岛，与大洋火山有相同的形态、构造和物质成分。那么，既然是海底火山，为什么又没有头了呢？

海底平顶山形成示意图

赫斯教授的解释是，新的火山岛，最初露出海面时，受到风浪的冲击。如果岛屿上的火山活动停息了，变成一座死火山，在风浪的袭击下被侵蚀，失去再生的能力，天长日久，火山岛终于遭到"砍头"之祸，变为略低于海面具有平坦顶面的平顶山了。

赫斯教授的研究并没有到此为止。他发现，同样特征的海底平顶山，离洋中脊近的较为年轻，山顶离海面较近；离洋中脊远的，地质年代较久远，山顶离海面较远。最初，人们对这种现象无法解释。

到了1960年，赫斯教授提出了海底运动假说。他认为，洋底的一切运动过程，就像一块正在卷动的大地毯，从大裂谷的两边卷动（大裂谷是地毯上卷的地方，而深海沟则是下落到地球内部的地方）。地毯从一条大裂谷卷到一条深海沟的时间可能是1.2亿~1.8亿年。形象地说，托起海水的洋底像一条在地幔中不断循环的传送带。因为在地球的地幔中广泛存在着大规模的

对流运动，上升流涌向地表，形成洋中脊。下降流在大洋的边缘造成巨大的海沟。洋壳在洋中脊处生成之后，向其两侧产生对称漂离，然后在海沟处消亡。在这里，陆地作为一个特殊的角色，被动地由海底传送带拖运着，因其密度较小，而不会潜入地幔。所以，陆地将永远停留在地球表面，构成了"不沉的地球史存储器"。

随后 R·S·迪茨于 1961 年用海底扩张作用讨论了大陆和洋盆的演化。

1962 年，赫斯教授发表了他的著名论文——《大洋盆地的历史》。这篇论文被人们称为"地球的诗篇"。其中，赫斯教授以先入之见，首先提出了"海底扩张学说"。对洋盆形成作了系统的分析和解释，并阐述了洋盆形成、洋底运移更新与大陆消长之间的关系。这一理论为板块构造学的兴起奠定了基础，并触发了地球科学的一场革命。

"海底扩张说"可以解释当年魏格纳无法解释的大陆漂移理论。我们知道，地球是由地核、地幔、地壳组成的。地幔的厚度达 2 900 千米，是由硅镁物质组成，占地球质量的 68.1%。因为地幔温度很高，压力大，像沸腾的钢水，不断翻滚，产生对流，形成强大的动能。大陆则被动地在地幔对流体上移动。形象地说，当岩浆向上涌时，海底产生隆起是理所当然的，岩浆不停地向上涌升，自然会冲出海底，随后岩浆温度降低，压力减少，冷凝固结，铺在老的洋底上，变成新的洋壳。当然，这种地幔的涌升是不会就此停止的。在继之而来的地幔涌升力的驱动下，洋壳被撕裂，裂缝中又涌出新的岩浆来，冷凝、固结，再为涌升流动所推动。这样反复不停地运动，新洋壳不断产生，把老洋壳向两侧推移出去，这就是海底扩张。

在洋底扩张过程中，其边缘遇到大陆地壳时，扩张受阻碍，于是，洋壳向大陆地壳下面俯冲，重新钻入地幔之中，最终被地幔吸收。这样，大洋洋壳边缘出现很深的海沟，在强大的挤压力作用下，海沟向大陆一侧发生顶翘，形成岛弧，使岛弧和海沟形影相随。

随着海底扩张说的影响日益扩大，它也从以下事实得到验证：

1963 年 F·J·瓦因和 D·H·马修斯从地磁场极性的周期性倒转的分析发现洋中脊区的磁异常呈条带状、正负相间、平行于中脊两侧，对称延伸，其顺序与地磁反向年表一致。这一事实证明了洋底是从洋中脊向外扩展而成，洋底磁异常条带因顺序相同而具有全球的可对比性。

1965年威尔逊提出了转换断层的概念，证明岩石圈板块的水平位移成为可能，并因此阐明了洋中脊的新生洋壳和海沟带的洋壳消减之间的消长平衡关系，即扩张速率与消减速率相等。通常用扩张速率来表示海底扩张作用的强度，一般以一侧的速率来表示。太平洋的扩张速率为每年5～7厘米，大西洋的扩张速率为每年1～2厘米。

总之，海底扩张说的诞生，解释了大陆漂移说一些无法解释的问题，于是魏格纳的"大陆漂移"学说被赫斯教授的"海底扩张"学说代替了。

知识点

转换断层

转换断层指横切洋中脊或俯冲带的一种巨型水平剪切断裂。转换断层在洋底均呈线性分布，长度数百至数千千米，它们不仅使两侧洋底有很大高差，且平移错断了洋底的重力和磁异常条带。大陆区内的转换断层，情况更为复杂。转换断层具有平移剪切断层性质，但与平移断层不同，后者在全断层线上均有相对运动，但转换断层只在错开的两个洋中脊之间有相对运动。转换断层的提出为证实板块构造学奠定了重要的理论基础。

延伸阅读

海岭是新的大洋地壳诞生处

20世纪50年代以来，随着海底科学的发展，人们利用放射性同位素测定海底岩石年龄，发现海底岩石的年龄很轻，一般不超过2亿年（大陆最老岩石年龄在30亿年以上），相当于中生代侏罗纪，而且离海岭（即大洋中

XUANMIAO DE DILI GUSHI

脊）愈近，岩石年龄愈轻；离海岭愈远，岩石年龄愈老，而且在海岭两侧呈对称分布。正是在此观察测定的基础上，20世纪60年代初，科学家提出了海底扩张学说，认定海岭是新的大洋地壳诞生处。过程是：地幔物质从海岭顶部的巨大开裂处涌出，凝固后形成新的大洋地壳。以后继续上升的岩浆又把原先形成的大洋地壳以每年几厘米的速度推向两边，使海底不断更新和扩张。

板块构造说的提出和研究

1967—1968年期间，美国摩根、麦肯齐、帕克与法国勒皮雄将转换断层概念外延到球面上，定量地论述了板块运动，确立了板块构造说的基本原理。1968年，美国艾萨克斯、奥利弗和赛克斯进一步阐述了地震与板块活动之间的联系，并将这一新兴理论称作"新全球构造"。目前常用的术语"板块构造"，是麦肯齐和摩根在1969年提出的。20世纪70年代以来，板块学说逐步渗透到地球科学的许多领域。

板块构造学说是在大陆漂移学说和海底扩张学说的基础上提出的。根据这一新学说，地球表面覆盖着不变形且坚固的板块（地壳），这些板块确实在以每年1厘米到10厘米的速度在移动。由于地球表面积是有限的，地球板块分类为3种状态：其一为彼此接近的汇聚型板块边界；其二为彼此远离的分离型板块边界；其三为彼此交错的转换型板块边界。板块本身是不会变形的，地球表面活动便都在这3种状态下集中发生。

正是海底扩张学说的支持，加上新的证据（古地磁研究等）支持大陆很可能发生过漂移，从而使复活的大陆漂移学说（板块构造学说也称新大陆漂移学说）开始形成。

板块构造学说是海底扩张说的具体引申。板块构造，又叫全球大地构造。所谓板块指的是岩石圈板块，包括整个地壳和莫霍面以下的上地幔顶部，也就是说地壳和软流圈以上的地幔顶部。新全球构造理论认为，不论大陆壳或大洋壳都曾发生并还在继续发生大规模水平运动。但这种水平运动并不像大陆漂移说所设想的，发生在硅铝层和硅镁层之间，而是岩石圈板块整个地幔软流层上像传送带那样移动着，大陆只是传送带上的"乘客"。

全球所有板块可能都在移动，板块运动通常指一板块相对于另一板块的相对运动。板块内部变形与板块之间的大幅度水平运动相比，具有次要意义，故从全球角度考察板块运动时，可以近似地将板块当做刚体来处理。球面刚体板块沿地球表面的运动，遵循球面几何学中的欧拉定律，环绕某一通过地心的轴做旋转运动。平行于旋转赤道的一系列同轴圆弧，标示出板块旋转运动的方向，它们的垂线（大圆）相交于旋转极。正因为板块的运动是一种旋转运动，板块上不同地点的运动线速度随远离旋转极而增大，至旋转赤道线速度最大。板块的旋转运动由旋转极的位置和旋转角速度确定。转换断层的走向平行于邻接板块之间相对运动的方向。采用求转换断层垂线交点的方法，不难得出以转换断层为界的各对板块之间相对运动的旋转极。根据线速度的递变也可以得出旋转极的位置。已知板块任何一点的线速度，同时求出该点相对于旋转极的纬度，便可以换算出旋转角速度。3 个板块或 3 条板块边界相汇合的点或一个小区域，称三联接合点（简称三联点）。任何一对板块间的边界总是以三联点作为端点。围绕三联点的 3 对板块之间相对运动的向量之和等于零。根据已知的两对板块的相对运动向量，就可以确定第三对板块之间的相对运动向量。两个背离板块之间的扩张运动向量一般是已知的，利用一系列三联点，已经求出了全球所有主要板块之间的相对运动向量，包括汇聚型边界处的相对运动向量。板块运动的速率多为每年数厘米。

在板块运动的研究中，地幔柱或热点可作为重要的参考系统。地幔柱是发源于软流圈之下的地幔深部并涌升至岩石圈底部的圆柱形上升流。热点的含义与地幔柱相近，也可将热点视为地幔柱的地表反映。地幔柱导致地表穹形隆起，重力和热流值增高。一般认为热点—地幔柱的位置大体固定。当岩石圈板块跨越于热点之上，板块仿佛被"烧穿"了，地幔物质喷出地表，形成火山。先形成的火山随板块运动移出热点，逐渐熄灭成为死火山；在热点处又会喷发形成新的火山。这样不断地"推陈出新"，便发育成由新到老的一列火山链。皇帝—夏威夷海岭就是近 8 000 万年来太平洋板块越过夏威夷热点的产物，火山年龄向西北方向变老。这些火山链标示出板块漂移过热点的轨迹，记录下板块的运动方向。北北西向皇帝海岭与北西西向夏威夷海岭之间走向的转折，显示距今约4000万年前太平洋板块的运动方向从北北西向转变为北西西向。热点还可能成为分析板块绝对运动的参照系统，但热点位置不动这点还有待证实。

总之，板块构造说以极其简洁的形式（最基本的就是板块的生长、漂移、俯冲和碰撞），深刻地解释了地震和火山分布、地磁和地热现象、岩浆与造山作用；它阐明了全球性大洋中脊和裂谷系、环太平洋和地中海构造带的形成，也阐明了大陆漂移、洋壳起源、洋壳年轻性、洋盆的生成和演化等重大问题。板块构造研究所阐明的地质构造背景和岩石圈活动规律，对于寻找金属矿、石油等矿产资源，以及预测地震、火山等地质灾害，有一定的指导意义。

当然，板块构造说还存在一些有待解决的难题。除驱动机制这一最大难题外，现有的板块构造模式不能有效地解释板块内部的地震、火山和构造活动，包括水平变形、隆起和陷落。有些学者试图将板块构造模式远溯至古生代以至前寒武纪，将大陆边缘和大洋与地槽相类比，进而运用大洋开合的发展旋回解释地槽造山带的演化，追索消逝于山脉中的古海洋。但有关古板块的研究，仍有一些分歧意见。板块构造模式尚不能圆满地解释大陆岩石圈的成因和演化。需要进一步研究的课题还可举出：板块的生长、漂移和俯冲是连续的还是幂次性的，板块俯冲如何开始，俯冲过程中沉积物的结局，边缘盆地的形成机制等。目前，板块构造说仍在不断修正和发展中。

知识点

莫霍面

莫霍面全名为莫霍洛维奇不连续面，简称莫霍面，是地壳同地幔间的分界面。莫霍面是南斯拉夫地震学家莫霍洛维奇于1909年发现，故以他的名字命名。在莫霍面上，地震波的纵波和横波传播速度增加明显，弹性和密度随深度逐渐增加。通过此界面向下，纵波和横波速度都突然增加，直到古登堡面，横波突然完全消失，纵波徒然减速。

延伸阅读

全球板块划分

　　板块是地震带所分割的内部地震活动较弱的岩石圈单元，由于板块的横向尺度比厚度大得多，故得名。狭长而连续的地震带勾画出了板块的轮廓，它是板块划分的首要标志。全球地壳划可分为六大板块，分别是欧亚板块、非洲板块、美洲板块、印度板块（或称印度洋板块、澳大利亚板块）、南极洲板块和太平洋板块。也有人将美洲板块分为北美板块和南美板块，那么全球则有7大板块。根据地震带的分布及其他标志，人们进一步划出纳斯卡板块、科科斯板块、加勒比板块、菲律宾海板块等次一级板块。板块的划分并不遵循海陆界线（海岸线），也不一定与大陆地壳、大洋地壳之间的分界有关。大多数板块包括大陆和洋底两部分。太平洋板块是唯一基本上由洋底岩石圈构成的大板块。